O FUTURO DA COMIDA

ROANNE VAN VOORST

PREFÁCIO DE ALANA ROX

O FUTURO
DA COMIDA

TRADUÇÃO: AUGUSTO IRIARTE

JÁ IMAGINOU
UM MUNDO SEM
CONSUMO DE CARNE?

Diretor-presidente:
Jorge Yunes
Gerente editorial:
Luiza Del Monaco
Editoras:
Gabriela Ghetti, Malu Poleti
Assistentes editoriais:
Júlia Tourinho, Mariana Silvestre
Suporte editorial:
Nádila Sousa
Estagiária editorial:
Emily Macedo
Coordenadora de arte:
Juliana Ida
Assistente de arte:
Vitor Castrillo
Gerente de marketing:
Claudia Sá
Analistas de marketing:
Heila Lima, Flávio Lima
Estagiária de marketing:
Carolina Falvo

Once Upon a Time We Ate Animals
Copyright © 2021 by Roanne van Voorst
© Companhia Editora Nacional, 2022
Publicado em acordo com HarperOne, um selo da HarperCollins Publishers.
Originalmente publicado como *Ooit aten we dieren* na Holanda em 2019 pela Uitgeverij Podium

Todos os direitos reservados. Nenhuma parte desta obra pode ser reproduzida ou transmitida por qualquer forma ou meio eletrônico, inclusive fotocópia, gravação ou sistema de armazenagem e recuperação de informação sem o prévio e expresso consentimento da editora.

1ª edição — São Paulo

Edição externa e preparação de texto:
Ricardo Lelis
Revisão:
Laila Guilherme, Tulio Kawata
Diagramação:
Isadora Theodoro Rodrigues
Capa:
Valquíria Palma
Imagem de capa:
Natali Zakharova

DADOS INTERNACIONAIS DE CATALOGAÇÃO NA PUBLICAÇÃO (CIP) DE ACORDO COM ISBD

V951f   Voorst, Roanne van

O futuro da comida: já imaginou um mundo sem consumo de carne? / Roanne van Voorst ; traduzido por Augusto Iriarte. - São Paulo, SP : Editora Nacional, 2022.
208 p. ; 16cm x 23cm.

Tradução de: Once Upon a Time We Ate Animals: The Future of Food
ISBN: 978-65-5881-126-8

1. Alimentação. 2. Veganismo. 3. Sociedade.
I. Iriarte, Augusto. II. Título.

CDD 613.262
CDU 613.261

2022-1603

Elaborado por Vagner Rodolfo da Silva - CRB-8/9410
Índice para catálogo sistemático:
1. Alimentação : Veganismo 613.262
2. Alimentação : Veganismo 613.2621

NACIONAL

Rua Gomes de Carvalho, 1306 - 11º andar - Vila Olímpia
São Paulo - SP - 04547-005 - Brasil - Tel.: (11) 2799-7799
editoranacional.com.br - atendimento@grupoibep.com.br

Para Lisette, que sempre soube o que a mim faltava enxergar, e para Fedde, que verá em sua vida mais do que sou capaz de conceber.

O futuro já chegou, só não está bem distribuído ainda.
William Gibson

A verdadeira dificuldade não reside nas novas ideias,
mas em se desapegar das velhas.
John Maynard Keynes

Sumário

Prefácio, por Alana Rox	11
Introdução: Inventando uma cor inédita	15
1. Como os agricultores podem mudar o mundo	29
2. Por que pessoas boas abraçam narrativas ruins	42
Interlúdio: Nós não sabíamos	60
3. Da abstinência à tendência	68
4. Girafas para os ricos, legumes para os pobres, leite para todos	82
5. Procura-se: homem, 20 a 40, estiloso, sexy, vegano	97
6. Overdose vegana	114
Interlúdio: Uma excursão escolar ao matadouro	132
7. É a lei, idiota!	139
8. Gelo derretido, barragem destruída	163
Epílogo: O início do fim	177
Agradecimentos	183
Para saber mais	185
Notas	191
Referências bibliográficas	198

Prefácio

Muito mais que compreendida, me sinto traduzida e representada ao ler este livro. Nasci vegetariana numa família carnista comedora de churrasco e nunca me senti parte de uma sociedade tão diferente de mim. O que comemos impacta não apenas em nosso corpo físico, mas em nossas atitudes, sentimentos, comportamento, relações sociais e conexão com o mundo.

Desde 2013 venho fazendo um trabalho de conscientização, amplificando a informação sobre o veganismo de todas as formas possíveis: lancei o primeiro programa de TV sobre o tema na América Latina e o segundo do mundo, abrindo um portal para a causa no Brasil. Lancei dois livros, dei centenas de cursos e palestras pelo país. Venho postando conteúdos gratuitos diários nas redes sociais e investindo em desenvolvimento de produtos. Sou embaixadora, colaboradora e parceira de ONGs da causa animal. Até abri um restaurante para que se tornasse um local onde as pessoas pudessem se encontrar, se reconhecer e se potencializar sob os preceitos veganos, e também, claro, perceber como podem se alimentar de uma forma saudável, regenerativa e empática, além de prazerosa e emocionante.

Todo dia acordo pensando no que mais posso fazer para ajudar a despertar consciências e mudar hábitos de uma sociedade nociva a si mesma. Nesta jornada, encontrei-me solitária no propósito na maior parte do caminho. Por sorte, isso vem mudando a cada dia com uma velocidade avassaladora. Nesse sentido, Roanne vem e segura a minha mão com sua escrita sensível e empática, firme e elucidativa.

Este livro traz tudo o que eu precisava dizer. O planeta hoje alcançou seu limite: em menos de um século, quase quadruplicamos o número de humanos. Se em 1926 éramos 2,5 bilhões de pessoas no mundo, estamos agora chegando perto dos 8 bilhões de habitantes. São sacrificadas centenas de bilhões de animais por ano para alimentar uma sociedade doente. A Organização das Nações Unidas (ONU) prevê que a população mundial chegará a 9,7 bilhões de pessoas até o ano 2050, o que exigirá um aumento de 50% da produção de alimentos para sustentar todas elas. Isso pode gerar impactos ambientais irreparáveis e fazer com que a Terra deixe de ser um espaço seguro para a humanidade.

Há cientistas que afirmam que os países ocidentais devem reduzir em 90% o consumo de carne para controlar o aquecimento global e evitar que o planeta entre em crise. A produção de alimentos usa, por exemplo, quantidades insustentáveis de água. Como poderemos alimentar 2 bilhões de bocas a mais? Nem toda terra cultivável é utilizada para a produção de alimentos para seres humanos, pelo contrário: grande parte das terras cultiváveis é usada para produzir ração para animais considerados de produção, para consumo do homem.

A conversão de ração em carne está longe de ser eficiente. No caso do gado, por exemplo, cerca de 13 quilos de ração são necessários para produzir meio quilo de carne. Desta forma, quanto mais a procura mundial por carne aumentar, mais terras serão dedicadas ao cultivo de ração para animais.

Este consumo é o maior responsável pela destruição da natureza e o gerador da contagem regressiva que estamos vivendo, rumo à possível extinção da raça humana. O meio ambiente não comporta mais nossos hábitos. Não vivemos mais no mundo dos nossos avós. O "mas sempre foi assim" não deu certo. Nos últimos 50 anos, mais de 60% dos animais silvestres e selvagens simplesmente desapareceram da Terra.

Nunca estivemos tão doentes, depressivos, angustiados, ansiosos e perdidos em nossos propósitos de vida. Não por acaso, a segunda maior receita dos laboratórios farmacêuticos vem da comercialização de ansiolíticos e indutores de sono. Como conseguir dormir com a consciência em paz, se nosso inconsciente grita aquilo que nossa essência já sabe, mas nosso ego é conivente, pois foi moldado por uma sociedade com valores distorcidos? Como ser feliz comendo morte e tragédia? Corpos envenenados obstruem mentes. Mentes são condicionadas por hábitos induzidos pela ganância de uma indústria.

Nossos propósitos só serão bem-sucedidos quando visarem o coletivo. E quando falo em coletivo, estou falando de seres humanos, animais, florestas, natureza, o todo, afinal somos todos terráqueos. Vivemos uma relação física de ação e reação. Não podemos esquecer: também somos parte da natureza.

O sofrimento dos animais foi naturalizado para sustentar um consumo desenfreado, nocivo e desnecessário. A autora, uma antropóloga especializada em futurologia, vai buscar no passado a explicação para os hábitos presentes, crescentes causadores da destruição do planeta em que vivemos, da crueldade em relação aos animais e da possível extinção da raça humana. E projeta um futuro bem diferente do mundo em que crescemos e no qual vivemos hoje.

Muito mais do que imaginar, ela nos faz visualizar uma realidade em que nossa alimentação será outra, bem como serão diferentes nosso trabalho, nossos hábitos de consumo, nossas viagens, nossa forma de conviver com os animais e, o mais importante, nossa concepção do que é bom e do que é ruim, do que é certo ou errado. Ela faz um exercício intelectual de prever como determinados cenários influenciariam a sociedade, a vida cotidiana, os comportamentos e os sentimentos das pessoas. É projetado um futuro no qual a maioria da população levará um estilo de vida plant-based, em que o uso de animais para fins de alimentação será raro e malvisto.

Van Voorst não mostra apenas como seria um mundo mais amistoso para os animais e seus impactos positivos sobre o meio ambiente, mas também as consequências e impactos na economia, no clima, na saúde das pessoas e na cultura mundial, por meio da popularização de um modo de vida à base de plantas.

No futuro, as novas gerações sentirão vergonha ao perceber a forma com que seus antepassados lidaram com os problemas de larga escala relacionados ao bem-estar animal e ao meio ambiente. Os relatos de donos de abatedouros e criadores de animais sobre o próprio despertar emocionam como exemplo de superação e sucesso na transformação. Prepare-se para uma abordagem muito mais otimista do que costumam ter os livros projetando o futuro. *O futuro da comida* fala sobre um novo início para o mundo e mostra um caminho cheio de esperança para quem está disposto a fazer a mudança acontecer.

A forma mais determinante com que cada um pode impactar positivamente no coletivo é mudar seus hábitos individuais diários. É na escolha do que vai consumir a cada refeição que você pode fazer a diferença. É na escolha de um sanduíche de cogumelos e homus e não na de um de frango com manteiga que você opta por salvar dezenas de animais ao invés de, indiretamente, matar outros tantos. É na opção por consumir um leite de amêndoas e não um de vaca que você escolhe entre economizar milhares de litros de água ou gastar. É optando por um filé de proteína de ervilha inteligentemente desenvolvido e não por um de picanha sangrando crueldade que você decide poupar milhares de árvores e não devastar. Nossas decisões diárias vão escrevendo o futuro que não é só nosso. Tudo que fazemos, nas mínimas escolhas, determina nossos destinos como indivíduos, ativando gatilhos de doenças genéticas ou não. Ativando ou não catástrofes ambientais e epidemias.

Segundo a ONU, restam apenas três anos para um colapso global. Mediante todos os dados que são apresentados, uma mudança positiva pode parecer impossível, mas a autora mostra que conseguiremos. Ela desmistifica questões entranhadas em nossas culturas justificadas por fins sempre lucrativos de uma minoria e aponta soluções viáveis e possíveis para uma transformação gradativa nos hábitos, na produção de alimentos, na força de trabalho, na economia, na cultura e na sociedade. Estamos diante da maior revolução moral que a humanidade já viveu neste planeta. Quando você desperta para ela, você vira um farol para quem está nadando no escuro. Este livro é uma ferramenta poderosa para o despertar de mentes e corações. Uma luz potente e necessária para nossa jornada de evolução.

ALANA ROX
Apresentadora, autora, empreendedora
e ativista pela causa animal

Introdução
Inventando uma cor inédita

Há três séculos, com o advento do Iluminismo, tornou-se ilícito queimar na fogueira supostas bruxas ou sentenciar pessoas simplesmente por suas crenças. Há mais de 150 anos (ou, pelas minhas contas, oito gerações), a escravidão foi abolida ao redor do mundo, de modo que deixou de ser permitido estigmatizar outro ser humano, capturá-lo, agredi-lo ou maltratá-lo de forma geral. Mais ou menos 100 anos (cinco gerações) atrás, nas democracias ocidentais, as mulheres passaram a ter direito ao voto e assim se equipararam formalmente aos homens. Pois os tempos em que você e eu vivemos são igualmente turbulentos, importantes e instigantes.

A era atual ficará marcada na História pelas imensas transformações sociais, econômicas e culturais que estão se desdobrando *no exato momento em que você lê este livro*. Não há lugar no mundo que não esteja passando por tais transformações, e não demorará até que você seja tragado por elas, que se materializarão nos objetos que consumir, no trabalho que exercer, na maneira como educar seus filhos, em seus próprios pensamentos e sentimentos tal como eles se manifestarão — e, neste estágio, a sensação será de que nunca existiu uma realidade diferente.

Você e eu pertencemos à geração que testemunhará, em diversas partes do mundo, o fim do sofrimento desnecessário de animais. Embora o consumo e a utilização de carne e outros produtos de origem animal possam persistir pelo futuro próximo, eles serão inibidos e muito mais caros; constituirão um desvio à norma; serão rejeitados pela maioria. Seja você um apoiador ou um opositor, o fato é que essa colossal transformação já está em curso e nós não podemos detê-la, pois estamos no olho dela.

Tente se visualizar no topo de uma colina onde há uma gigantesca pedra que você precisa mover. Você a empurra com as duas mãos, os calcanhares se afundam na grama, os músculos do abdômen e das pernas se contraem ao máximo... E o efeito é nulo: o pedregulho não se mexe, por mais que você xingue, arqueje, grite. Você começa a pensar que é absolutamente impossível movê-lo, até que ele surpreendentemente começa a rolar: você encontrou o ponto de virada. De início, a pedra se desloca lentamente, porém logo ganha velocidade até rolar tão rápido que ninguém seria capaz de pará-la. É neste ponto crítico que nos encontramos hoje, na transição de um movimento lento para um movimento rápido, que não pode mais ser detido.

Estamos com tudo

O veganismo é um dos movimentos de maior crescimento no mundo. Cada vez mais pesquisadores e futurologistas especulam que, em um futuro próximo, o consumo de carne e de leite será consideravelmente menos comum, a ponto, talvez, de se tornar um tabu social. Multiplicam-se as pessoas que afirmam que o veganismo é uma das poucas alternativas que restam para deter as alterações climáticas, e essa mensagem tem sido passada adiante. Nos anos 1990, havia no planeta 1 milhão de pessoas, mais ou menos, que não comiam carne e laticínios nem usavam produtos de origem animal, a maioria delas porque se afligia com o sofrimento dos animais, algumas porque consideravam ser tal consumo maléfico para o meio ambiente e o próprio corpo. Em 2015, esse número já havia centuplicado ao menos — há quem diga que os veganos somem hoje 750 milhões de adeptos.

Em 2008, Gante, na Bélgica, se tornou a primeira cidade europeia a promover um dia sem carne nas escolas e demais instituições públicas. Essa iniciativa já tinha ganhado aderência nos Estados Unidos, e posteriormente foi implementada em uma cidade inglesa. Em 2019, eram 40 as cidades adeptas da prática, e esse número continua crescendo.

Ainda em 2018, a Austrália — o país com maior consumo de carne no início do século XXI — ostentava um dos mercados veganos mais aquecidos no planeta.[1] Cada vez mais australianos preferem soja ao filé, fazendo do país o terceiro em número de veganos, atrás dos Emirados Árabes Unidos e da China.

Nos Estados Unidos, não foram só os produtos alternativos à carne (como hambúrgueres de soja ou "carnes" à base de vegetais, com gosto e textura parecidos com os de peito de frango) que cresceram intensamente em vendas nos últimos anos: substitutos de laticínios como iogurte de coco e leite de amêndoas também passaram a ser muito mais consumidos.[2] Até 2021, esses substitutos comporão 40% do mercado de bebidas tipo leite, em comparação a 25% em 2016.[3] Em contrapartida, as vendas de leite de vaca caíram; a maior cooperativa de leite estadunidense, que fornece 30% do produto no país, ganhou 1 bilhão de dólares a menos em 2018 em relação ao ano anterior.[4] A mesma tendência é percebida na Holanda, no Reino Unido, na Alemanha, na Austrália, na Itália e no Canadá. Em janeiro de 2019, a Agência Canadense de Vigilância de Alimentos publicou um novo guia alimentar nacional que recomendava "pegar leve" com proteínas animais.[5] E o que o guia recomendava no lugar, com vista a uma dieta balanceada? Vegetais ricos em proteína.

A indústria global do ovo também começa a verificar uma queda acentuada na demanda por produtos de origem animal: a Cal-Maine Foods, uma enorme processadora de ovos estadunidense, divulgou recentemente um déficit anual, o primeiro em mais de dez anos. Diante da queda drástica das ações, o CEO da empresa afirmou que as perdas se deviam à crescente popularidade de substitutos do ovo.

Cientes desse cenário, seria inteligente da parte dos empresários investir na indústria alimentícia vegana — por exemplo, em produtos como "queijos de castanha", cujo mercado global, estima-se, será de aproximadamente 4 bilhões de dólares em 2024, com um crescimento anual na casa dos 8%.[6] Ou então investir em alternativas ao leite feitas de aveia, soja, arroz ou amêndoas. Após 92 anos, a Elmhurst, uma das mais tradicionais fabricantes de leite dos Estados Unidos, decidiu produzir apenas leites vegetais, sendo essa, segundo seu CEO, a melhor decisão para evitar perdas no futuro.

As alternativas vegetais à carne vão igualmente bem, obrigado. Tão bem, aliás, que os grandes produtores de carne têm investido em massa na aquisição de empresas veganas. É o caso da Tyson Foods, maior produtora de carne dos EUA, que já investiu na Beyond Meat, a empresa mais popular de substitutos de carne no mercado norte-americano. A Maple Leaf Foods, maior distribuidora de carne do Canadá, adquiriu duas populares marcas de produtos à base de vegetais, a Field Roast e a Lightlife Foods. A Nestlé, maior empresa do setor de alimentos e bebidas do mundo, comprou a Sweet Earth Foods, que produz exclusivamente alimentos vegetais (e foi criada por um ex-CEO do Burger King). Já a Danone tornou-se proprietária da WhiteWave, uma pioneira entre os produtores de alimentos vegetais, enquanto a Unilever comprou a Vegetarian Butcher.

Para o jornal holandês *De Volkskrant*, as vendas milionárias, com o ingresso de multinacionais e até de produtores de carne no mercado vegetariano, simbolizam "a ascensão dos substitutos de carne".[7] A *Forbes* não teve dúvidas em aconselhar aos investidores que surfassem essa onda, inclusive com a seguinte manchete: "Eis os motivos por que o seu negócio deve virar vegano".

O mundo de cabeça para baixo

O mundo dos negócios não é a única esfera em que essa transformação recente ocorre: as mudanças se dão também em um nível individual. Recentemente, 39% dos estadunidenses optaram, de forma consciente, por consumir menos carne ou se tornaram flexitarianos, a maioria por considerar ser essa uma opção mais saudável. Esses indivíduos trocaram a carne de porco ou de vaca pela Beyond Sausage, uma alternativa que tem consistência de carne de porco, mas menos gordura e sódio e mais proteína; ou então pelo Beyond Burger, outro produto da mesma empresa, Beyond Meat, que tem entre seus acionistas pessoas como Bill Gates, Leonardo DiCaprio, Biz Stone e Evan Williams (estes dois últimos, fundadores do Twitter) e também gigantes do mercado de processamento de carne como a Tyson Foods.

Na Alemanha, conhecida pela devoção às linguiças, 41% dos consumidores comeram menos carne (e mais substitutos de carne) em 2018 do que nos anos anteriores. Ainda em 2018, os holandeses gastaram 80 milhões de euros em substitutos de carne, valor que era de 62 milhões dez anos antes; e os pesquisadores preveem para os próximos anos um crescimento cada vez maior do mercado de alimentos à base de vegetais na Holanda.

O horizonte parece mesmo ser esse, já que a maior parte das pessoas que seguem uma dieta parcial ou totalmente à base de vegetais é jovem e nos próximos anos será, portanto, a parcela da população encarregada de fazer as compras de casa. Em 2017, no Reino Unido, 42% dos veganos estavam na faixa entre 15 e 34 anos; na Austrália, a maioria pertence à geração Y, e essa lógica etária entre vegetarianos e veganos, formadores de uma nova geração de consumidores, é observada também em outros países.[8] Mais e mais crianças e adolescentes optam por uma dieta à base de vegetais em decorrência de sua preocupação com o meio ambiente ou de sua contraposição à forma como os animais são explorados para fins alimentícios, ou ainda porque simplesmente apreciam o sabor das alternativas à carne e aos laticínios. Um estilo de vida integralmente plant-based não é a norma social, uma vez que os consumidores mais velhos que compram produtos de origem animal superam em quantidade a população jovem que segue uma dieta à base de vegetais. No entanto, há uma evidente inflexão que sugere um explosivo crescimento do mercado vegano no futuro.

Neste livro, vou apresentar a você as transformações de estilo de vida que os próximos anos provavelmente trarão. Vou apresentar o mundo do futuro, mas não um futuro longínquo: um futuro que você e seus filhos (se os tiver ou pretender ter) viverão para ver. Em muitos aspectos, esse futuro será bem diferente do mundo em que você cresceu e no qual vive hoje. Muito antes do que você imagina, nossa alimentação será outra, bem como nosso trabalho, nossos objetos, as excursões escolares e os animais de estimação. Mais importante ainda, nossa concepção do que é bom e do que é ruim será outra.

Um suspiro de lamento

Quando olharmos em retrospectiva para nosso passado, deixaremos escapar um suspiro de lamento ao perceber quanto demoramos para mudar. Demoramos demais. Sempre soubemos que o modo como a sociedade trata os animais e o planeta não é aceitável. Vimos em documentários, em vídeos na internet, lemos nos livros e jornais, mas a maioria de nós não fez uso desse conhecimento.

Eu também sou culpada. Embora tenha me tornado vegetariana aos 16 anos, apenas parei de comer carne, porém continuei consumindo derivados de leite, couro e outros produtos de origem animal. Amava os animais e não queria que eles fossem mortos apenas porque o sabor da carne me apetecia e por isso parei de comer — por isso e porque, sendo sincera, desejava ser "diferente" dos meus colegas de escola. Meu vegetarianismo servia mais como um meio para moldar a minha própria identidade e também como um ato de caridade muito particular: enquanto algumas pessoas ajudavam os velhinhos, eu troquei o *kebab* da madrugada por um queijo quente. Considerava esse ato um sacrifício supremo, uma boa ação que me eximia de analisar mais profundamente o complexo sistema alimentar. Ou talvez eu fosse jovem demais para entender que o simples fato de eliminar a carne da minha dieta não resolveria os problemas sobre os quais escrevia tão apaixonadamente. Não me lembro de me questionar sobre como era feito o queijo do meu sanduíche ou a maionese em que mergulhava as batatas fritas, ou sobre do que era feito aquele novo par de botas *country* com sua fabulosa ponta arrebitada e aparência meticulosamente desgastada.

Levei mais de 15 anos para começar a me fazer esses questionamentos. Já estava na casa dos 30 quando li um artigo sobre pecuária leiteira. Era uma tarde de domingo, e eu estava na minha cafeteria preferida na Filadélfia, a qual vendia grãos "sustentáveis" e usava "leite produzido eticamente". Enquanto tomava meu cappuccino e pensava no que iria cozinhar para meu marido, folheei uma edição do *The New York Times* na qual me deparei com um artigo que dizia que todos os bezerros machos nascidos nas fazendas de produção de leite eram mortos imediatamente, já que não tinham nenhuma utilidade. Procedimento-padrão: "Touros não dão leite", estava escrito, "e portanto são descartáveis na produção leiteira". Depois, tomei conhecimento de que esse também é o destino dos pintos machos na indústria do ovo, que, por não botarem ovos, são igualmente considerados descartáveis e são triturados vivos ou asfixiados com gás assim que seu sexo é identificado.

Eu devo ter entrado em contato com essas informações antes desse dia. O conteúdo do artigo não era novidade, nem mesmo este era classificado como notícia: escondido ao final de suplemento grosso do fim de semana, seu assunto eram os investimentos anuais da indústria leiteira nos Estados Unidos. O comentário sobre o descarte era protocolar, se tanto. Lembro de dobrar o jornal e encarar longamente as pequeninas bolhas na espuma do meu cappuccino. Também lembro de ficar desconcertada. Aquela parte do artigo não era verdadeira, era? Ao comprar o cappuccino "sustentável" com sua espuma "eticamente produzida", eu tinha contribuído para o assassinato de um bezerro perfeitamente saudável? Como eu nunca soube disso, sendo vegetariana havia tantos anos? Que sistema doente era esse que classificava animais perfeitos como *descartáveis*?

Aquela tarde marcou o início do meu longo processo de imersão no tópico do veganismo: uma pesquisa científica a respeito da economia dos produtos de origem animal, mas também uma busca pessoal no sentido de descobrir o meu papel nela.

Neste livro vou contar da minha jornada. Não para doutrinar ou censurar; neste ponto, já me questionei bastante se a minha dieta e estilo de vida atuais (veganos) são "melhores" do que a minha conduta do passado. Roupas que não levam produtos de origem animal em sua confecção não são necessariamente mais ecossustentáveis do que as que levam, para citar apenas um dilema que enfrento. Também é muito desconfortável para mim recusar um prato preparado com amor pelo fato de não ser vegano. Em ocasiões assim, me vejo dividida entre o desejo de ser educada, agradável e "normal" e a escolha que fiz de não contribuir com um sistema com o qual não concordo, e, qualquer que seja a minha decisão, acabo me sentindo mal.

Quero compartilhar essas dificuldades não porque a minha história seja mais importante ou especial, mas justamente porque *não* é tão especial assim. Presumo que a minha experiência seja similar à sua, tenha você passado por ela, esteja passando ou venha a passar. Se você se reconhecer no meu relato, talvez compreenda, pela pesquisa que o embasa, por que tomou decisões que incentivaram um sistema brutal — ainda que você se considere uma boa pessoa, como eu me considero.

Paradoxo

Este talvez seja o maior paradoxo do ser humano: é exatamente a nossa humanidade que nos faz agir, com frequência, de modo desumano. Para a maioria das pessoas, é assustador o fato de que, em consequência de nossas escolhas alimentares, o nível da água dos mares se elevará e causará inundações em outros países — e, no entanto, esse processo está ocorrendo neste exato momento.

Também nos deixa desconcertados a ideia de que animais são vítimas de um sofrimento inconcebível para que usemos sua carne, seu leite, ovos ou pele. Mas isso também acontece. Não faz muito tempo, um representante da Organização das Nações Unidas usou o termo "tortura" para classificar a procriação, a criação e o abate na pecuária, e eu quero crer que você, como eu, repudia a tortura. Nós não enfiaríamos, nós mesmos, um bastão de choque no nariz ou no ânus de um animal; não torceríamos o rabo de uma vaca sabendo a enorme dor que causa; não castraríamos sem anestesia um leitão macho; não criaríamos galináceos tão grandes que mal são capazes de se locomover. Jamais fatiaríamos, asfixiaríamos ou atiraríamos em animais saudáveis. Mas é o que fazemos quase diariamente por meio de nossa contribuição financeira à indústria da carne e dos laticínios.

A ideia de que, *a cada semana*, são mortos mais animais para consumo humano do que a somatória de homens e mulheres que perderam a vida *em todas as guerras da história* é quase inconcebível.[9] É uma ideia que não queremos, que resistimos em conceber. De fato, ela é... absurda, não é? Lendo e relendo a frase anterior, sinto uma urgência em me livrar dessa imagem, de passar logo aos parágrafos seguintes, ao próximo item desta introdução que trate de fatos mais agradáveis. Entretanto, é verdade: a cada semana, matamos mais animais do que o total de seres humanos mortos em todas as guerras até hoje.

Pesquisadores contabilizam 108 milhões de mortes decorrentes da guerra no século xx (incluídas as duas guerras mundiais); as estimativas que abarcam toda a história humana variam entre 150 milhões e 1 bilhão. O número exato de animais abatidos também varia amplamente, porém as estatísticas mais consolidadas que encontrei — publicadas pelas indústrias da carne e do leite — dão um total de 66 bilhões a cada ano. Esse número se refere apenas a bovinos, suínos e outros animais de pecuária e não inclui os peixes pescados para fins de alimentação. Quanto a estes e a outros animais aquáticos, os valores são estimados em 150 bilhões por ano. Se levarmos em conta todos os animais que comemos em abundância — peixe, galinha, porco, vaca, cabra, ovelha —, alcançamos um valor de 150 milhões *por dia*. Essas estatísticas, contudo, não englobam os milhões de animais que são mortos anualmente em laboratório, ou para obtenção de sua pele, ou os pintos e bezerros machos assassinados logo após o nascimento (já que "produtos de descarte" não são contabilizados). Nem tampouco estão contabilizados os animais que morrem em rodeios e touradas a cada ano, ou no mundo das corridas de cavalo ou de cachorros, ou aqueles que morrem precocemente em zoológicos e aquários como consequência do cárcere ou porque são considerados "excedentes".

Se se permitir ser tocado por esses fatos, você provavelmente sentirá o mesmo que eu: pena, incredulidade, repúdio, vergonha. A capacidade de sentir compaixão é o que nos faz civilizados; é o que, muitos acreditam, nos diferencia dos animais.

Eu iria além: a capacidade de sentir compaixão é, ao mesmo tempo, o que nos torna *incivilizados*. Fechamos os olhos para a crueldade não porque somos indiferentes, e sim porque os valores humanos mais profundos são incondizentes com o tratamento que damos aos animais hoje. A informação que chega a nós sobre esse tema, por artigos de jornal, vídeos e imagens perturbadores nas redes sociais, e agora também pelas palavras aqui escritas, nos deixa tão desconfortáveis que não nos resta alternativa senão evitá-la, ignorá-la, fingir que não existe. Entendo que foi por essa razão que ignorei os muitos artigos sobre a indústria do leite até que esse conhecimento me atingisse naquela tarde na cafeteria. Um conhecimento insuportável, terrível, pois parecia ilógico que nós, sendo inteligentes, decentes, cuidadosos, fôssemos capazes de tais atos.

Uma maldade silenciosa

E ainda assim os cometemos. O historiador Yuval Noah Harari escreveu no *Guardian*, em 2015, que a forma como tratamos os animais na criação industrial é um dos piores crimes na história da humanidade.[10] Não creio que essa declaração tenha o intuito de negar os terríveis crimes cometidos contra a própria humanidade, nem seria apropriado ou frutífero comparar o destino imposto às vítimas do Holocausto ou de outros genocídios ao de animais que foram vítimas de nosso modo de vida; afinal, não se trata de uma competição de quem sofre mais. A declaração de Harari, porém, tem uma conclusão aterradora: a maioria de nós, conscientemente ou não, incentiva atividades criminosas. Podemos não machucar animais com nossas próprias mãos, mas pagamos para que façam isso por nós. É o que fazemos quando compramos uma caixa de ovos, um iogurte, uma peça de filé; quando, diante de um artigo ou de um vídeo que expõe os abusos na indústria da carne e do leite, viramos a página ou fechamos a aba. Não há nessa atitude a *intenção* de fazer mal, assim como não há o *sentimento* de que estamos causando sofrimento. Tal negação é sustentada pela ideia de que não existe outro caminho, de que é assim que o mundo funciona e ponto-final.

A recusa a esses pensamentos negativos resulta na aceitação tácita da realidade concreta, o que, na medida em que tal comportamento se torna a norma, conduz a um enorme sofrimento. Sob essa perspectiva, a nossa geração, com sua mudez, é culpada de um abuso animal em escala massiva, que se dá a cada segundo de cada dia, e culpada também pela destruição do planeta causada pela exploração industrial de animais.

Somos culpados agora mesmo. E agora.

E agora.

Albert Einstein disse: "A maior ameaça ao mundo não são os indivíduos que cometem o mal, mas aqueles que o toleram e o incentivam". A filósofa Hannah Arendt reforça essa percepção quando afirma que o maior mal é cometido pelas pessoas que agem em conformidade com as massas e com a norma social sem jamais refletirem sobre as consequências de suas atitudes.

Se você estiver prestes a perder o entusiasmo por causa desse discurso moralista, não se preocupe: o livro é muito mais do que uma lista de acusações ao tratamento que a sociedade confere aos animais e ao planeta. Antes de mim, outros autores já produziram livros, artigos, relatórios e documentários, de modo que repeti-los não ajudaria a mim nem a você a pensar sobre nossos modos de vida e de consumo (caso seja do seu interesse, porém, há uma lista de fontes confiáveis ao fim do livro).

Não falta conhecimento sobre o assunto; todas as informações estão disponíveis há muito tempo e de graça para quem tenha a mente aberta. O problema tampouco é uma incapacidade de sentir empatia, o que talvez você tenha percebido quando, há pouco, o persuadi a pensar comigo sobre os mortos em guerras e os animais abatidos.

O que falta, creio, é uma visão mais clara das alternativas. Eu atuo como antropóloga de futuros, tendo concluído meu doutorado em Antropologia em 2014 e me especializado em Futurologia. Embora o tema central de minha pesquisa tenha variado ao longo dos últimos anos, nunca deixa de implicar a construção de cenários futuros e o exercício intelectual de prever como determinados cenários influenciariam a sociedade, a vida cotidiana, os comportamentos, os sentimentos. É daí que vem a minha percepção de que o que está faltando é uma exploração meticulosa de um futuro no qual a maioria da população leve um estilo de vida plant-based, em que o uso de animais para fins de alimentação, vestimenta etc. não exista.

Aprendendo a enxergar cores novas

Não é de estranhar que você não consiga conceber essa possibilidade, ou como seria esse mundo. Tente conceber uma cor completamente nova, ou um sabor novo, ou um cheiro novo — um que ninguém jamais viu nem sentiu!

Impossível? Não se aflija, é quase impossível mesmo.

O melhor que nosso cérebro é capaz de fazer é misturar cores ou cheiros ou sabores que já conhecemos para formar uma ideia de combinação inédita. Mas uma combinação não é algo completamente novo.

O mesmo problema se apresenta quando se trata de imaginar um modo de vida plant-based, e eu creio que esse foi o outro motivo por que não me permiti ser impactada pelas informações com que me deparei. Já que eu não tinha nenhuma solução, me restou dar de ombros: é assim que as coisas são, que sempre foram, não é?

Por muito tempo, sim. Você, como eu, cresceu em uma época em que utilizar e se alimentar de animais é considerado perfeitamente normal. Eles fazem parte da composição de nossas roupas, calçados, velas, do nosso suco de maçã, até das nossas camisinhas![11] Nossos pais, médicos e professores sempre nos disseram que carne e leite, mais do que bons para a saúde, eram *necessários*. A ciência já mostrou que não, mas trataremos disso depois. É difícil passar a negar de repente uma crença tão arraigada, ainda mais como neste caso, se não houver uma visão alternativa que mostre como se manter em forma e saudável comendo uma comida correta.

Este livro vai traçar tal visão. Vou construir aqui, com novas cores, sabores e cheiros, um mundo futurístico dos sonhos, mais propício para os animais e para o meio ambiente. Vou descrever em termos concretos o que podemos fazer e o que de fato faremos de diferente nos próximos anos. Não se esqueça: a gigantesca pedra já começou a rolar.

Ao longo do livro, vou apresentar a você vários ex-criadores de porcos, cordeiros e vacas e ex-produtores de leite que hoje se recusam a ganhar dinheiro com o abate de animais e passaram a cultivar vegetais. Esses fazendeiros existem: eu pesquisei sobre eles na internet, conversei diretamente com muitos; em alguns casos, vi com meus próprios olhos seus novos negócios, e estou convencida, pela pesquisa que fiz para este livro durante os últimos anos, de que muitos outros criadores seguirão o exemplo num futuro próximo. Vou apresentar também macacos e outros animais que conquistaram direitos humanos, animais-robôs de estimação e chefs e proprietários de restaurante que já não chamam seus cardápios de "veganos" porque não têm necessidade de rotular seu modo de vida plant-based, de tão normal que ele se tornou. Vou apresentar aparelhos de cozinha que medem nutrientes, psicólogos que se especializaram na mediação entre parceiros ou familiares veganos e não veganos. Vou apresentar pessoas vegansexuais (veganos que só se relacionam com veganos), casas que flutuam na maré alta e aldeias que são à prova de furacões. Nenhuma das histórias é fruto da minha imaginação; todas existem concretamente em 2019, em vários lugares do mundo, e talvez você não as conheça apenas porque não fazem parte da sua realidade.

Futurismo realista

É muito importante que você tenha em mente que, embora a história que vou contar nos próximos capítulos se passe predominantemente no futuro, não foi tirada das áreas mais criativas do meu cérebro. O que você lerá nestas páginas já foi inventado, implementado, existe, só que não em larga escala (ainda). O que vou descrever é futurístico e também real. Não vou mostrar apenas como seria um mundo mais amistoso para os animais e o meio ambiente, mas também as consequências na economia, no clima, na saúde e na cultura advindas da popularização de um modo de vida plant-based. Você notará que esse novo mundo não é perfeito, pois o fato de animais não serem explorados para uso humano não nos exime de dilemas éticos, porém tais dilemas serão sobre o trato com outros seres vivos que não galinhas, vacas ou porcos; ou sobre a vergonha que sentirá a nova geração ao perceber a cumplicidade com que lidamos com os problemas de larga escala relacionados ao bem-estar animal e ao meio ambiente no passado. Nem a mudança em massa para uma dieta baseada em vegetais nos tornará mais saudáveis de uma hora para outra — como você verá, há alimentos veganos tão insalubres quanto um filé barato encharcado de antibiótico. E problemas inéditos surgirão, como a extinção de certos produtos ou profissões, o que também vai requerer soluções inéditas, algumas das quais vou apresentar.

Vou te deixar à vontade para formar uma opinião sobre esse mundo do futuro. Admito que para mim ele está longe do ideal (chega a ser assustador, às vezes), porém os problemas não superam aqueles que a humanidade enfrenta no sistema atual — essa é a única conclusão a que chego após uma ampla pesquisa, com inúmeras entrevistas com especialistas reconhecidos mundialmente nos campos da pecuária, dos alimentos, do meio ambiente e da energia. No mundo sem produtos de origem animal — no mundo pós-Revolução da Proteína —, os piores cenários da mudança climática terão sido superados, as pessoas em geral serão mais saudáveis, e pouquíssimos animais sofrerão abuso e sentirão dor.

A Revolução da Proteína

Esse é um dos cenários futuros que se realizará rapidamente, desde que nos mobilizemos coletivamente e quanto antes. A sua primeira reação ao ler essa afirmação talvez seja de ceticismo; talvez pense algo como: "Legal, mas de que adianta eu transformar completamente meu modo de vida se o resto do mundo não vai fazer o mesmo e, portanto, nada vai mudar no fim das contas?". Essa postura é comum; de fato, é a justificativa mais usada para não realizar mudanças na vida do dia a dia. No entanto, não é porque é comum que é boa.

A história nos apresenta diversas transformações sociais radicais que ocorreram mesmo sendo inimagináveis para as próprias pessoas afetadas por elas; mesmo que muitas pessoas fossem contra tais transformações, fossem resistentes a elas num primeiro momento. Quando se passou a discutir a emancipação legal de escravos, os céticos e opositores logo afirmaram que o povo não aceitaria uma mudança tão radical, uma que colocaria em risco a ordem econômica e portanto a sociedade como um todo, e ainda bem que houve aqueles visionários e ativistas que não se deixaram abater. A revolução se deu, e os reacionários de repente se viram relegados a um grupo antigo e conservador de contraventores deixados para trás pelos novos tempos. Ao final deste livro, caberá a você decidir qual dos futuros é o mais desejável, assim como o seu papel na história — porque, sim, você tem um papel: no jogo da vida, não há feriados nem dias sob licença médica.

O livro que você tem em mãos é muito mais otimista do que costumam ser os livros de futurologia, visto que eles frequentemente preveem um fim do mundo em que enchentes engolem a terra ou em que incêndios florestais eliminam todas as árvores, plantas e demais formas de vida. Este livro, no entanto, é sobre um novo início para o mundo. O seu futuro começa assim que você virar a página.

1
Como os agricultores podem mudar o mundo

No dia em que vendeu todos os seus animais, o sueco Gustaf Söderfeldt, então criador de porcos, teve a impressão de que os prados verdejantes que se alastravam em sua fazenda eram muito maiores do que sempre foram. Fazia um silêncio incomum. Os chiqueiros estavam vazios. Havia um peso invisível sobre os ombros do homem, que, confuso, andava de lá para cá entre o curral e as pastagens e sempre parecia esquecer o que tinha ido fazer. Mas não. Simplesmente não havia nada para fazer. Sua cabeça, distante, não estava preparada para pensar no trabalho que logo passaria a ocupar seus dias.

Era 2017; Gustaf tinha dois filhos e quase nenhuma poupança. Sem saber ao certo como ganharia dinheiro para sustentar a família, estava preocupado com o futuro. Para além da hesitação e da insegurança, no entanto, o que ele sentiu foi um imenso alívio. "Quase chorei. De alegria, digo, por saber que nunca mais teria de matar um porco."

Não que tenha sido uma escolha propriamente; ele não podia mais fazer aquilo: ficar falando, durante as visitas guiadas, sobre o tratamento "humanitário" que proporcionava aos porcos. Os visitantes apontavam para as vastas pastagens em que os animais perambulavam durante o dia e, na loja, o parabenizavam pelo cuidado com os porcos, cuidado esse que se refletia claramente no sabor da carne. "Eu oferecia aos meus animais um tratamento melhor do que outros criadores, sim, mas apenas em termos relativos. No fundo, mentia para os clientes e para mim mesmo. Dizia o que era preciso para vender os produtos e também para ficar de bem comigo. Mas sabia que não havia nada de humanitário no abate dos animais."

Gustaf está sentado em uma cadeira de balanço no canto de sua estufa enquanto me conta essa história. Balança algumas vezes para a frente e para trás antes de falar: "Na primeira vez que abati um porco no matadouro, me senti orgulhoso, másculo, forte". Então, não diz mais nada por alguns instantes, como se hesitasse em continuar; abre a boca, porém a fecha em seguida. Até que desabafa: "Me senti poderoso".

Ao analisar o fato em retrospectiva, é arrependimento o que ele sente? "Sim e não. Considero repugnante o que fazia aos meus porcos. E é perturbador saber que sentia uma espécie de prazer com isso. Costumo ser uma pessoa gentil, não reconhecia essa capacidade em mim. Pode ser que não conheça o meu verdadeiro eu, claro. Mas arrependimento não é o termo certo. Naquele tempo, nos primeiros anos como criador de porcos, eu acreditava mesmo que a minha operação era moralmente justa. Acreditava nisso porque comparava a minha atividade com a realidade da pecuária intensiva. Na minha cabeça, quem participava da criação em escala industrial só podia ser cruel, já que ela é ruim para os animais, é ruim para a saúde das pessoas que comem uma carne contaminada, é ruim para o meio ambiente. Em todos esses aspectos, eu representava o exato oposto, um criador artesanal, com um selo de abate humanitário. Era o bonzinho da história, como poderia me sentir mal com as minhas decisões?"

Antes de se tornar criador de porcos, Gustaf era um rapaz da cidade. Ele e a companheira, Caroline, tinham menos de 30 anos quando decidiram se mudar para o campo em busca de paz e tranquilidade, de um maior contato com a natureza, de um trabalho manual. Uma fazenda se apresentava como o meio de subsistência mais óbvio, e todos os fazendeiros que eles conheciam criavam animais. O que era perfeito, já que ambos adoravam bichos e se escandalizavam sempre que viam na TV imagens de currais apinhados em fazendas de produção industrial, ou quando viam na estrada um caminhão abarrotado de animais, ou, no supermercado, as carnes repletas de antibióticos e hormônios. "A gente queria fazer diferente, criar animais felizes, oferecer um cuidado apropriado, com um abate sem dor nem estresse, com o intuito de fornecer uma carne produzida dignamente."

Os pioneiros

Eles venderam a casa na cidade, compraram um terreno em um pequeno povoado rural e se prepararam para se tornar fazendeiros por meio de livros e cursos. Adquiriram alguns porcos, ovelhas, cabras, galinhas e patos e acreditaram ter encontrado uma brecha no mercado sueco. Os moradores das redondezas passaram a visitar a fazenda para ver os novos criadores em ação: eram atraídos pelos animais pastando livremente nos campos, pelo idealismo daqueles jovens produtores, pela natureza arcaica da criação em pequena escala. Cada vez mais numerosas, as pessoas solicitavam visitas guiadas. Elas queriam comprar aquela carne "produzida dignamente", ainda que fosse muito mais cara do que a disponível no supermercado ou mesmo no açougue local. E compravam. Pagavam a mais não apenas pelo sabor, mas também para aplacar a própria consciência. Oras, estavam consumindo uma carne justa, produzida por criadores justos. Não demorou para que, a fim de atender à nova demanda, Gustaf e Caroline comprassem mais porcos e abrissem uma loja para vender seus produtos.

O negócio ia de vento em popa. Entretanto, Gustaf passou a experimentar uma sensação de incerteza.

"Com os anos, algo foi mudando dentro de mim. Passei a notar o medo no olhar dos porcos quando os transportava para o abatedouro. Sim, eles obedeciam aos meus comandos, mas porque estavam acostumados a me ver como líder, não conheciam outra realidade. Ainda assim, demonstravam resistência de outras formas. No olhar. Ao recuarem quando minhas ordens eram para que descessem a rampa, o que me obrigava a puxá-los com força. Nos gritos... Porcos soltam um grito horrível quando estão assustados."

Sempre que guiava um novo grupo de clientes pela propriedade poucas horas após uma ida ao abatedouro, Gustaf não conseguia deixar de se perguntar o que aconteceria se falasse abertamente sobre os sons que os porcos emitem no matadouro. "Berros arrepiantes", rememora. "Agudos, estridentes, de um pânico mortal. Eles sabiam assim que chegavam ao lugar. Não tinham como não saber, pois escutavam os gritos dos demais porcos vindos de dentro. E sentiam o cheiro de sangue. Eu sentia, é um cheiro que toma conta."

Observando os clientes, Gustaf imaginava o que aconteceria se dissesse, sem papas na língua, que aqueles porcos espernaeriam às portas do local onde seriam mortos e que por isso os funcionários teriam de submetê-los à força. "Qual seria a reação dos clientes se eu contasse que separava os porcos recém-nascidos de suas mães porque é assim que as coisas funcionam na indústria e ponto-final, ou que as mães tentavam correr atrás deles e, quando eu as impedia, elas eram tomadas pelo pânico, porque é o que acontece com uma mãe que se vê impossibilitada de salvar o filho?"

Ele nunca contou. "Eu sabia que não sobraria nenhum comprador." Gustaf apenas sorria, guardava o seu segredo e aceitava os elogios que o deixavam cada vez mais desconfortável. Havia algo errado em sua vida, porém ele não enxergava outro caminho. Era parte da profissão de criador, era o que ele e Caroline tinham desejado para si, era o meio de vida do casal, e, de qualquer modo, eles tinham uma operação digna. Outros criadores da região deixavam o trabalho sujo nas mãos de abatedouros mais baratos e sem nenhuma consideração pelos animais. Gustaf, não. "Eu não queria ser um desses caras da cidade que compram uma carne já fatiada e embalada, industrializada, que nem parece carne. Esse tipo diz que é contra maltratar animais, mas não quer saber como aquele animal chegou até seu prato. Eu também não queria ser como os criadores que delegam a terceiros a responsabilidade de abater. Era minha responsabilidade." Por isso, o próprio Gustaf levava os porcos para o abatedouro. E ele mesmo manejava a pistola de abate, ou então segurava o porco para outra pessoa meter um pino na cabeça do animal. "Nas primeiras vezes senti um entusiasmo, mas depois essa sensação foi dando lugar a um mal-estar misturado com apatia... E eu não entendia o que estava acontecendo comigo."

A crise

Até que veio o dia em que, depois de levar os porcos, Gustaf entrou na cozinha e encontrou Caroline com uma expressão retorcida e pálida diante do notebook. Ela explicou que tinha acabado de assistir a uma infinidade de vídeos sobre veganismo no YouTube, nos quais ativistas explicavam a falácia de uma suposta "carne humanitária", já que animais jovens e saudáveis, como qualquer ser vivo, não *queriam* morrer, de modo que um abate infligido e prematuro sempre seria acompanhado de enorme estresse. Não importava quão bem cuidados tivessem sido ao longo dos anos. Não importava que a morte fosse relativamente rápida. Um ser humano jovem e cheio de saúde que não deseja morrer vai ficar desesperado se tentarem matá-lo, não importa que seja do modo menos violento possível, não é? Pois é basicamente a mesma coisa. Caroline passara de um vídeo a outro, e agora Gustaf os assistia a seu lado. Os dois não conseguiam parar, passaram a tarde vendo os vídeos.

"O que eles diziam era a verbalização do que eu vinha sentindo intuitivamente fazia muito tempo", lembra Gustaf. "De repente me dei conta de que o plano de nos tornar criadores humanitários, de vender carne provinda de abatimento digno, era baseado numa ideia completamente equivocada. Éramos criadores bem-sucedidos, mas havia, sim, crueldade em nosso processo. Ok, nossos porcos pastavam livremente e eram bem alimentados, porém, assim que engordavam o suficiente para gerar dinheiro, eram atemorizados e mortos muito mais precocemente do que morreriam na natureza, os machos após alguns meses, as fêmeas após alguns anos, depois de darem cria. Nós sequestrávamos seus filhos, causávamos sofrimento, os matávamos. Ainda por cima, nós, 'defensores dos animais', ganhávamos dinheiro com isso!"

O impacto da percepção abalou Gustaf. "Compreendi imediatamente por que me sentia anestesiado por dentro: não estava vivendo de acordo com os meus valores! Visualizei as idas ao abatedouro e senti repulsa das minhas ações. Quem almeja verdadeiramente o bem-estar dos animais não os cria para fins de produção de carne. Não separa mães e filhotes sabendo do estresse que isso causa. Não os mata sabendo que eles teriam muitos anos de vida pela frente."

Praticamente na mesma noite, o casal decidiu fechar o negócio. Os dois se tornaram veganos, venderam os porcos e, com o dinheiro, concretizaram um novo plano: cultivar e vender legumes, e apenas legumes.

Na época, Gustaf e Caroline não faziam ideia de que, ao redor do mundo — Estados Unidos, Canadá, Israel, Alemanha —, muitos criadores de animais haviam passado por uma transição semelhante. Esses homens e mulheres vivenciaram um processo psicológico bem parecido com o que Gustaf descreveu na conversa comigo, em que a convicção de que eram "bons" criadores — e boas pessoas, portanto — dava lugar a uma sensação incômoda de que aquela atividade não estava em conformidade com seus valores mais profundos, até tomar corpo numa terrível e dolorosa conclusão: eles tinham, de forma consciente e voluntária, infligido sofrimento a animais durante anos, isto é, tinham tido um comportamento *imoral*.

Pode parecer uma acusação forte e até ofensiva, porém corresponde ao que sentiram esses criadores. Leia, por exemplo, o que escreveu Bob

Comis no blog de sua fazenda de porcos e ovelhas "criados em liberdade e alimentados exclusivamente de pastagem": "Hoje de manhã, ao observar os campos serem tomados aos poucos por cordeiros alegres, fui assolado pela ideia de que comer carne talvez seja muito errado, o que faria de mim uma péssima pessoa, já que meu meio de vida é matar animais".

A ex-produtora de leite Michelle, de Israel, não foi menos dura consigo mesma. Ela trabalhou desde os 15 anos em uma fábrica de laticínios e veio a se casar com um produtor de leite. Existem fotos dela — ainda uma garota loira e sorridente — dando mamadeira a bezerros. Hoje, conforme comentou em uma entrevista on-line, não consegue segurar a emoção ao ver essas fotos: "Continuo em estado de negação quanto ao fato de ter sido uma produtora de leite. Tenho dificuldade de lidar com qualquer coisa relacionada à produção de laticínios. Não estou me referindo a uma visita de uma hora à fazenda... Quem trabalha em uma sabe bem o tipo de lugar que é. Um inferno. Um local de grande sofrimento. As vacas apanham, nós as afastamos dos bezerros, elas gritam desesperadamente, resistem à ordenha... Precisam ser amarradas pelas patas. E os gritos das mães... Consigo ouvir ainda hoje, esse som não me abandona".

O trauma se intensifica à medida que, já longe das fazendas de leite, Michelle não consegue nem conceber o fato de que ela fazia essas ações, que hoje embargam sua garganta, com um assobio nos lábios, como se aquela Michelle fosse uma estranha — e não apenas alguém irreconhecível, mas alguém que, graças à distância do tempo, ela abomina. "Quando era criadora, eu queimava o chifre dos bezerros para descorná-los, um procedimento doloroso para eles! Grampeava os mamilos das vacas (na indústria leiteira, depois que a vaca dá à luz, os mamilos sobressalentes são inutilizados, pois aumentam o risco de infecção em uma ordenhação futura), o que também é doloroso. Eu enviava as vacas e seus filhotes para o abatedouro. Separava mães e filhotes. E não via nenhum problema em nada disso..." O que não é incomum: afinal, as práticas de Michelle estavam em total acordo com os regulamentos da indústria leiteira.

Como Gustaf, ela atribui a uma crise existencial a decisão de deixar de ser criadora de gado. Erik Erikson, psicólogo de desenvolvimento humano, descreve crise existencial como o sofrimento que surge do fato de o indivíduo questionar a própria identidade, quando a imagem que ele faz de si mesmo não mais corresponde à que vê refletida no espelho.

"Foi uma época complicada", diz Gustaf sobre o período de sua vida que compreende a crise existencial. "Eu estava muito mal... em relação à empresa, já que precisávamos tomar muitas decisões importantes em pouco tempo, mas principalmente em relação a mim. Que tipo de pessoa eu tinha sido durante todos aqueles anos?"

No entanto, apesar da incerteza que o dominava então, ele se sentia melhor do que antes. "Foi como me livrar de um peso." Aponta para o próprio peito. "Na mesma noite em que decidi abandonar a criação de porcos, passei a entender melhor o motivo da infelicidade que me acompanhou pelos anos em que vivemos nosso idílio pastoril. Eu matava meus animais porque considerava que era parte do trabalho. Hoje vejo que aquilo estava me destruindo por dentro. Estava me carcomendo, e a única maneira que encontrei de continuar foi varrer os sentimentos para baixo do tapete, me anestesiar. Esse trabalho te obriga a agir assim. Mas hoje sinto que reencontrei minha essência. Escolhi ser melhor. Não liguei para as dificuldades financeiras; para mim, passou a haver um único caminho possível: o cultivo vegano."

A experiência de Michelle foi similar. "O sofrimento que causei aos animais está gravado no meu coração. Não faço ideia da quantidade de mães e filhotes que coloquei nos reboques com destino ao abatedouro. Ou da quantidade de mães que foram privadas de seus filhotes. E elas gritavam. Se alguém encostar um dedo no meu filho ou na minha filha... Não sei o que dizer, fico angustiada só de pensar."

Howard

Em Montana, o criador de gado Howard Lyman, enquanto lavava as mãos no banheiro, encarou-se no espelho. Estava com uma cara boa, pensou consigo. Alguns anos antes, tornara-se vegetariano por questões de saúde, e nos últimos tempos vinha se sentindo tão bem que decidiu cortar da dieta também os laticínios. E passou a se sentir ainda melhor.

Isto é, fisicamente.

Psicologicamente, não estava nada bem.

Por toda a vida, Lyman tinha ouvido dos pais que, para ser saudável, o ser humano necessita de carne e leite.

Daí que se sentia orgulhoso da profissão que o tataravô, o avô, o pai e ele próprio decidiram seguir. O trabalho de criar e vender gado para a indústria de leite e derivados tinha uma importante função social; o povo tinha fome, e ele e sua família ajudavam a alimentá-lo. Ele sozinho possuía 7 mil vacas. "[Eu e] as pessoas que conheci no setor de produção animal estávamos ali dando nosso melhor com um propósito que para nós era digno. A gente acreditava que estava produzindo algo indispensável: proteína de primeira qualidade. Essa ideia tinha sido incutida em nós desde a infância: coma a carne e beba o leite para ficar forte."

Lyman, porém, deixara de consumir ambos já havia algum tempo; tampouco ingeria manteiga ou queijo. E se sentia mais saudável fisicamente do que nunca, o que contradizia suas convicções. Logo passou a se questionar se todo mundo de fato *precisa* ingerir produtos de origem animal para sobreviver. Se não, significaria que seus pais, professores e outras figuras que sempre afirmaram que proteína animal é vital para a saúde humana estavam enganados. Será? "Não, não pode ser", Lyman murmurou. Se assim fosse, ele, seu pai, seu avô e seu tataravô teriam matado animais por todo esse tempo sem nenhuma necessidade, e essa percepção seria intolerável.

Entretanto, seu corpo não mentia: estava condicionado e forte como jamais estivera. Uma dúvida atravessou seus pensamentos: "Por Deus, eu venho matando meus animais por um motivo falso?". "Nunca tinha ousado abrir essa porta em minha alma", ele escreve em um artigo publicado na internet. Sacudiu as mãos para tirar o excesso de água, olhou dentro dos próprios olhos no reflexo e visualizou os estábulos, as vacas, o matadouro. A resposta que começou a tomar forma em seu interior foi, em suas palavras, "tão impactante que quase arranquei a pia da parede". Aquela passagem para sua alma se recusaria a se fechar, apesar da relutância de Lyman. Ele não podia simplesmente acabar com uma tradição familiar que durava quatro gerações. Não podia sair do banheiro, caminhar até a esposa e informar que iria encerrar um negócio de 1 milhão de dólares. O que diria para ela? "Olha, acho que o trabalho que fazemos não é certo"?

Howard observou as marcas de expressão em torno dos olhos, as rugas na testa. Estava assustado. Havia se dado conta de que aquele meio de vida era erguido sobre alicerces bambos e poderia desabar a qualquer momento. "Minhas crenças mais arraigadas começaram a cair por terra quando me vi dono de um negócio que era baseado na matança de animais."

Porém, como ocorreu com Gustaf e Michelle, o pânico de Lyman foi seguido de um instante de absoluta clareza. A única escolha possível era parar.

"Eu sabia como os animais ficavam na fila para a sala de abate", diz Howard. "Entendia o que diziam pelo olhar, e era eu que os estava colocando naquela situação. Você consegue imaginar o terror de um animal criado em fazenda ao se ver prestes a ser abatido? Um ser vivo extremamente sensível e inteligente, que sabe o que está acontecendo, preso, impossibilitado de fugir... Tente se colocar no lugar desse animal."

Howard abriu a porta do banheiro e chamou a esposa.

O efeito cascata

Se você assistir a um vídeo em câmera lenta de uma gota caindo em um copo de água, vai notar que, imediatamente após ela tocar a superfície, forma-se um pequeno poço bordejado por um anel de gotículas. Esse fenômeno é impossível de ver a olho nu; você não o percebe a não ser numa supercâmera lenta. Após seis centésimos de segundo, a gota salta para fora do poço arrastando um fio fino de água. De novo, imagine esse evento em câmera lenta. Você vê aquela gota inicial se desprender da trilha e pairar brevemente sobre o líquido, renascida, antes de finalmente se fundir ao copo de água, cuja superfície logo retorna a um estado liso, imperturbado.

A crise de identidade que os criadores de animais apresentados vivenciaram é análoga ao fenômeno que se dá no copo de água quando atingido por uma gota. A consciência (a gota) de que passaram uma vida praticando algo que vai contra seus valores mais fundamentais gera um vazio na imagem que fazem de si mesmos e de sua profissão. Tão inesperada é a tomada dessa consciência que provoca um trauma: a pessoa é arrastada para um lugar de profundezas, escuro, pavimentado de vergonha, culpa, raiva, confusão. Então, vem o momento em que a gota salta em direção à luz, o estágio no qual o trauma dá lugar ao alívio com a decisão de romper radicalmente com um passado que, analisado de perto, é incompatível com a natureza do indivíduo. Esse criador ou criadora de animais enxerga uma oportunidade de melhorar suas práticas, de viver em concordância com seus valores mais arraigados, e, se for bem-sucedido, então a superfície da água retornará à calmaria, isto é, sua autoimagem voltará a condizer com o reflexo no espelho.

Hoje em dia, Gustaf cultiva hortaliças e também dá palestras sobre temas agrícolas com o intuito de mostrar a futuros agricultores que não é necessário criar ou possuir animais para sobreviver na profissão. "Nós tivemos muitas dúvidas quando decidimos trocar os porcos pelos legumes", ele diz a um auditório sempre cheio, "mas no fim conseguimos nos sustentar muito bem. Nossa terra continua fértil sem o uso de fertilizantes animais, e estamos completamente convencidos de que o futuro da agropecuária é o cultivo de vegetais." Seu entusiasmo em acolher os interessados é enorme. "A gente sempre recebe na fazenda jovens que querem deixar a cidade grande, como eu e Caroline fizemos; jovens que, como eu e ela fazemos hoje, têm a intenção de cultivar frutas e legumes. É uma forma mais generosa de viver, e não deixa de ser vantajosa, pois há uma grande economia de dinheiro em não ter animais."

Os ex-criadores Michelle e Howard Lyman também compartilham sua experiência com outros pecuaristas; em entrevistas, livros, palestras, artigos e vídeos, eles contam sobre sua tomada de consciência. Lyman chegou a aparecer no *The Oprah Winfrey Show*, e, após ouvir a história dele, Oprah declarou que nunca mais comeria um hambúrguer. O ex-criador de ovelhas Bob Comis oferece em sua fazenda remodelada workshops para fazendeiros veganos. O mesmo faz Susana, ex-criadora de cabras, que compartilha de forma entusiasmada com os visitantes sua satisfação por ter passado a produzir leite de avelã, em vez do de cabra. "Ficar sem comer derivados de leite ou carne já não é difícil para mim. O difícil é ver as pessoas presas a uma mentalidade que as obriga diariamente a fazer escolhas que são fundamental e brutalmente contraditórias com seus valores mais básicos. A gente pode e deve ser melhor do que isso."

Na psicologia, as ações positivas que o indivíduo realiza relacionadas a um trauma são chamadas de "atitudes corretivas" e resultam na melhora da autoimagem. Ao ensinar e ajudar os colegas, esses ex-criadores ressignificam o arrependimento pelo que hoje entendem como erros do passado e, ao mesmo tempo, geram um efeito cascata a partir de seu ativismo. Das gotas, ondulações; das ondulações, as ondas.

Jay e Katja

A rapidez com que tudo ocorreu ainda os deixa espantados: do sim hesitante que disseram ao lavrador convertido que lhes perguntara se desejavam parar de criar gado até a decisão de parar de fato e de libertar os bichos, levou um dia. "Eu sinto muita falta deles", admite Jay, um homem de meia-idade, calvo, que veste um suéter verde e usa óculos. "Mas as vacas estão num santuário de animais, vivendo uma vida boa, o que me deixa feliz." É um encontro via Skype: Jay está posicionado em frente à câmera, e sua companheira, Katja, logo atrás, à esquerda dele. Quando esquece algo ou não encontra as palavras para articular seus pensamentos, Jay olha para ela, que completa as frases. Das 70 vacas que o casal possuía, 20 continuam com eles. "Vão ficar conosco até morrerem", diz Jay. "Elas adubam nossa terra para que possamos cultivar, e em troca nós damos comida da melhor qualidade e amor. Eu nunca mais vou me apropriar do leite ou da carne delas. Hoje temos uma relação muito mais justa do que no passado."

O passado a que Jay se refere em nossa conversa não tem mais do que algumas semanas. O processo de mudança começou com a visita de um colega inglês que cultivava exclusivamente hortaliças havia alguns anos e queria convencê-los a substituir os produtos de origem animal pelo plantio de vegetais. "É o futuro", afirmava ele, "e, cá entre nós, não seria um alívio nunca mais ter que fazer mal aos animais?"

Essa pergunta acertou o casal em cheio. "Fazia tempo que achávamos que a forma como tratávamos as vacas não correspondia ao que desejávamos para elas. E o que ele disse nos pareceu tão... certo. Mas não foi nada fácil, devo dizer, porque implicava admitir que, até aquele ponto, estávamos fazendo algo errado." A história de Jay e Katja, embora parecida com a de outros fazendeiros que entrevistei para este livro, tem uma peculiaridade: é tão recente, tão fresca que ambos encontram dificuldade para verbalizar as enormes transformações — tanto na vida cotidiana quanto no emocional — que ocorreram desde a visita daquele agricultor vegano. Talvez possamos considerar que, no caso deles, a gota está em movimento, prestes a emergir das profundezas da água. O sentimento de Jay e Katja é sobretudo o de alívio, mas há certa tristeza também, uma esperança comedida no futuro misturada com preocupação.

"Eu amava as minhas vacas", diz Jay, vacilante.

"Muito", completa Katja.

Ele concorda com um gesto de cabeça. "Acreditava que as tratava bem, mas nunca deixei de sentir culpa quando tinha de levá-las ao abatedouro, ou quando as separava dos bezerros. Mas era uma culpa sufocada, difusa. Hoje acho que não entendia esse sentimento porque não enxergava outro caminho. Estou explicando direito, Katja?"

É a vez dela de concordar. "Era um grande sofrimento."

"Sim. Por isso eu me convencia de que não havia alternativa, que era normal tratar assim os animais. Era apenas meu trabalho rural." Só que, quando o agricultor ativista que os visitou garantiu a eles que para viver do campo não era preciso criar animais, menos ainda matá-los ou lhes causar estresse, a culpa que Jay reprimia por anos de repente exigiu dele uma atitude. "Compreendi imediatamente que precisava libertar as vacas, que elas mereciam se livrar de mim." O agricultor prometeu ajuda para encontrar um santuário de animais, porém advertiu que talvez levasse meses. A demora seria boa para Jay e Katja, que assim teriam tempo para pensar num novo plano de negócio, solicitar subsídios e, claro, processar psicologicamente o fim de uma existência de anos como produtores de leite e derivados.

Entretanto, mal se passou uma semana e o telefone do casal tocou: era o agricultor contando animadamente que, graças à ajuda voluntária de dezenas de veganos, tinha achado um santuário em que as vacas poderiam viver até o fim da vida e perguntando quando o pessoal do santuário podia ir buscá-las.

"É melhor assim", diz Katja, mais para convencer o marido do que a mim.

Ele anui. "Eu traí as minhas vacas. Elas confiavam em mim. Elas me permitiam tirar seu leite, e em troca eu as machucava. Não tem palavras que descrevam o horror que causávamos a animais tão dóceis. Não consigo entender como demorei tanto para ter essa consciência, mas olhando agora em retrospectiva..." Com a expressão triste, ele encolhe os ombros quando peço que termine o que dizia. Seu olhar só volta a sorrir quando pergunto sobre as 20 vacas que permanecem na fazenda. "O laço que tenho com elas agora é muito diferente, não tem comparação", diz. "Como se eu me permitisse sentir todo o meu amor por elas. Estou parecendo hippie demais, Katja?"

Com evidente ressentimento pelo passado recente, ela responde: "Não, é exatamente isso! A gente já não precisa reprimir os sentimentos".

Jay toma a palavra novamente: "Me livrei de uma perturbação constante com a morte iminente das vacas. Não conseguia pensar em outra coisa. Lá no fundo da mente, fica pairando essa ideia de que você não deve criar laços com o animal, se identificar com ele, já que vai ter de matá-lo dali a alguns anos. Então você se convence de que uma vaca não sente a falta do filhote, ou que um touro jovem não sofre tanto quando é abatido. Você simplesmente se convence e tenta não pensar muito nisso".

Katja, aliviada, conclui: "Ainda bem que não é mais assim".

#mindfuck

Na coletânea de histórias que contei para você — como também nas que deixei de contar para sobrar espaço para as muitas realidades que ainda tenho a apresentar —, vislumbra-se um padrão: criadores que sempre se consideraram amigos dos animais e acreditavam tratar seus rebanhos com "amor" e "dignidade" passam por uma experiência que altera radicalmente sua visão de si mesmos e a se ver como abusadores desses mesmos animais; pior, tomam consciência de que sempre levaram um meio de vida que, segundo seu próprio sistema de crenças e valores, é imoral. Como é possível que a pessoa tenha a convicção de que faz algo benéfico para o mundo, os animais ou a própria família, e então, num piscar de olhos — que pode levar uma semana, um dia, uma hora — chega à conclusão de que seu meio de vida é completamente nocivo? Como é possível que alguém passe décadas tendo orgulho do trabalho que realiza, da forma como o realiza, para de repente se arrepender a ponto de se desfazer em lágrimas só de tocar no assunto? Como é possível que, no século XXI, diversas pessoas nos mais diversos lugares do mundo estejam enxergando, ao mesmo tempo, que sempre agiram errado?

É o resultado de um fenômeno que chamo de "*mindfuck* da nossa geração", o qual vou explicar ao longo do livro. É um tipo de fenômeno que deixa o sujeito embaraçado ou desnorteado. Foi o que aconteceu no século XXI com esses nossos criadores de animais, comigo, com você e com milhões de pessoas.

2
Por que pessoas boas abraçam narrativas ruins

Aposto que você conhece a narrativa do big-bang, afinal é uma das mais populares no Ocidente, passada de geração a geração. Somos ensinados sobre ela por professores, por nossos pais, e um dia a transmitimos a nossos filhos. O jeito de contar pode variar de pessoa para pessoa, mas a história é mais ou menos assim: 13,7 bilhões de anos atrás, algo passou a existir do nada — não havia planeta Terra, não havia céu, tempo, escuridão ou luz, porém de repente o Universo passou a se expandir e se formaram as estrelas, depois os planetas, incluindo a Terra, onde surgiu a vida. O instante da grande expansão é chamado de big-bang, e a narrativa, de teoria do big-bang.

Não sei quanto a você, mas eu acho essa narrativa uma grande bos... digo, um grande esterco. O próprio título é questionável, já que até os cientistas não têm certeza se houve o tal do bang, a explosão, e, se houve, não foi no início. O Universo está em constante expansão, o que significa que a explosão está em andamento. "Estrondo primordial e contínuo" seria um nome mais preciso, porém o baixo apelo sonoro provocaria mais questionamentos do que respostas. Falta uma base sólida aí: a segunda parte da história até que segue certa lógica, mas o começo é forçado, implausível, é algo que voltaria para puxar o pé de qualquer roteirista. De onde veio o nada que havia antes do início? Por que ele estava ali? Onde foi parar? Como a gente visualiza isso? Não visualiza?

Se a esta altura a sua vontade é fazer uma reclamação aos cientistas que criaram essa história capenga, saiba que eles provavelmente concordariam com você. Abririam um sorriso torto, encolheriam os ombros e admitiriam que também a consideram uma narrativa cheia de falhas.

E acrescentariam que, embora faça sentido em termos gerais, trata de um evento tão complexo que não pode ser abarcado pela compreensão humana, daí que não conseguimos explicá-lo. Continuamos contando essa história porque ainda não produzimos uma narrativa melhor.

As pessoas gostam de histórias. Uma história mal-acabada ou ilógica é melhor do que não ter história. E aquelas que contam quem somos, de onde viemos e por que fazemos o que fazemos nos dão uma ilusão de segurança, de estabilidade — acreditamos que, se pudermos explicar o passado, será mais fácil prenunciar o futuro e assim não estaremos completamente à mercê do acaso, do destino, enfim, daquilo que não compreendemos.

Assim é com a questionável narrativa do big-bang, ao menos até que uma melhor seja inventada e a história do Universo, reescrita. Quando isso acontecer, quando estivermos todos satisfeitos com a nova narrativa, olharemos para aquela antiquada teoria do big-bang e diremos: "Era bem ruinzinha, hein?".

Nossos ancestrais, aqueles atrasados

Algo semelhante se deu com outra narrativa que foi imensamente popular: a da origem e evolução do ser humano. Ela precisou ser modificada incontáveis vezes nos livros de História, e, com o tempo, as primeiras versões se mostraram bem ridículas. Por anos, as pessoas gostaram de comentar que descendiam de um hominídeo que ocupou a África Oriental há mais ou menos 200 mil anos. A evidência científica era robusta: restos humanos fossilizados datados dessa época foram encontrados na Etiópia e comparados ao DNA de indivíduos das mais diversas regiões.[12] Compatibilidade comprovada, cientistas ficaram contentes, manchetes foram às capas dos jornais.

Por muito tempo, a história foi contada com entusiasmo nos pubs. Isso até 2017, quando uma equipe de paleontólogos descobriu que o humano moderno já existia 100 mil anos antes do que se acreditava, e num lugar totalmente diferente.

Ops.

Os pesquisadores encontraram vestígios de *Homo sapiens* espalhados por grande parte da África, incluindo a região onde hoje se situa o Marrocos. Deve ter sido um mês tumultuado para os cientistas — assim

O FUTURO DA COMIDA

como para os contadores de causos nos bares da vida —, já que algumas semanas antes outra descoberta havia sido feita, a qual também colocava em xeque a história da evolução: ao contrário da crença geral de que o *Homo sapiens* era nosso único ancestral humanoide, devíamos ter uma infinidade de tatatatatatataravôs, e nos mais diversos pontos do planeta.

Não era pouca coisa: de uma hora para outra, a evolução humana tal como a concebíamos passou a ser implausível. Você certamente conhece aquela imagem, geralmente representada na forma de diagrama, de figuras humanoides em fila, a primeira um chimpanzé, a última um ser humano, cada uma mais empertigada e com uma cabeça maior do que a anterior. A ideia por trás do diagrama é que existe em nossa árvore genética certo funcionalismo que só poderia culminar em nossa supremacia: éramos animais no princípio, e fomos continuamente nos tornando maiores, mais inteligentes, mais humanos. Essa visão, no entanto, como comprovam descobertas recentes, não tem fundamento.

Para os cientistas, a história da nossa evolução é caótica, isso sim: 300 mil anos atrás, diversos grupos de *sapiens*, incluindo o *Homo naledi*, habitavam o continente africano, ao passo que neandertais se deslocavam pela Europa, hominídeos de Denisova, pelo Sudeste Asiático, e *Homo floriensis*, apelidados de "Hobbits" devido à sua constituição anã, eram encontrados em Flores, uma ilha indonésia. Muitos desses hominídeos eram símios, com um crânio menor do que o *Homo sapiens*, com exceção dos neandertais, cujo cérebro era maior. Nós, humanos modernos, descendemos não apenas de animais, mas também de outros hominídeos, pois há evidências de ligação romântica entre *sapiens* e neandertais, hominídeos de Denisova e até *Homo naledi*.

Os autores de livros didáticos e de consulta já estão alterando seus textos para adequá-los. Como a enciclopédia holandesa da década de 1950 que afirmava que o crânio neandertal apresentava uma constituição patológica "semelhante à de uma pessoa com retardo" e precisou adequar o texto quando as pesquisas em DNA provaram que o material genético dessa pessoa constitui cada um de nós.

Especialistas, porém humanos

O meu intuito aqui não é apontar o dedo de forma acusatória para os cientistas, que estavam apenas fazendo seu trabalho com o que tinham em mãos; o objetivo dessas histórias sobre o big-bang, a evolução humana ou nossos antepassados "atrasados" é mostrar que aquilo que consideramos como "verdade" está em constante mudança — o que é legítimo, diga-se, na medida em que a ciência se baseia em "fatos" e "evidências". Quando convém, porém, a crença no conhecimento dos especialistas nos faz esquecer que eles são pessoas comuns e que seus métodos de pesquisa são limitados para compreender certos fenômenos em sua totalidade. Além disso, a experiência mostra que somente passamos a enxergar as falhas de uma narrativa quando, munidos de novas informações, assumimos uma narrativa alternativa. Assim, enquanto uma alternativa não se faz possível, não nos esforçamos para encontrar novas explicações. Os textos dos livros didáticos em nossos tempos de escola pareciam ser coerentes, verdadeiros e confiáveis, e é apenas em retrospecto que fica claro que os considerávamos assim porque ainda não sabíamos da existência de informações melhores.

O mesmo princípio se aplica à análise de narrativas sobre o comportamento humano mais recente, com o adendo de que essa análise pode gerar certo desconforto. A desconstrução de "verdades" tende a ser inofensiva quando se trata de eventos muito distantes no tempo, como a origem do Universo ou a evolução da espécie — ao ler relatos de contornos tão incertos, você pensa: "Já se passou tanto tempo, que diferença faz?". Aprendemos com os erros, bola pra frente. Já quando se trata de eventos que aconteceram recentemente, com cujos protagonistas nos identificamos, protagonistas esses que admitiam verdades que eram, na melhor das hipóteses, questionáveis, aí a coisa muda de figura.

As trevas que precederam o Iluminismo

Vejamos o caso do Iluminismo. Por volta de 1700, surgiram na Inglaterra e na França três novos importantes modos de pensar que dali se difundiram e ainda hoje são ensinados nas escolas. Ao longo do tempo, esses novos modos de pensar determinariam a própria formação da sociedade com suas concepções de tolerância, o senso comum baseado na lógica e a exigência de tratamento igualitário a todas as pessoas.

Coisas que hoje são óbvias, mas que naquele tempo eram revolucionárias. Já não se podia queimar bruxas, por exemplo: se, de acordo com a sabedoria recém-adquirida, feitiçaria era algo absurdo, qual seria o sentido de queimar mulheres a princípio inocentes? Ainda levou muitos anos (e mulheres queimadas) para essa visão se difundir pela Europa: na Alemanha, a última "bruxa" foi queimada em 1749 e, na Suíça, em 1783.

Além dessa conduta, a sociedade precisou se acostumar com outras, como não espancar mendigos nas ruas, não expulsar nem prender pessoas sem religião, não casar meninas com velhos desconhecidos, não tomar por pressuposto que o único propósito dos camponeses na Terra era trabalhar mansamente para os abastados senhores. Naquela época, tais concepções eram comuns entre pessoas de todas as classes e países.

É difícil imaginar que elas realmente acreditassem que esses comportamentos eram certos, porém de fato acreditavam, e a maioria simplesmente não tinha a consciência de que vivia numa sociedade desesclarecida. As pessoas queimavam bruxas e hereges para proteger suas famílias do "mal", espancavam mendigos por considerá-los sujos e perigosos, lançavam mão de superstições para curar doenças porque tinham sido ensinadas que era assim que protegeriam seus entes mais queridos. Somente em retrospecto, após ter se tornado norma não praticar esses comportamentos, após a criação de leis que proibiam o que antes era prática comum, a sociedade passou a enxergar com novos olhos sua conduta anterior e criou uma nova narrativa para as noções de justiça e bom senso. Os livros de História viriam a chamar tal alternativa de "Iluminismo".

Em seu livro *Breve história do mundo*, Ernst Gombrich nos oferece uma deliciosa analogia para mostrar que nossa noção de "bom" se transforma com o tempo:

> Você já encontrou um caderno de exercícios dos seus tempos de escola [...] e, ao folheá-lo, ficou espantado com o quanto mudou em tão poucos anos? Espantado com os erros, mas também com as ideias interessantes que escreveu um dia? Naquele tempo, no entanto, você não percebia que estava se transformando. Com a história do mundo, é igual. Seria ótimo se os arautos tomassem as ruas para avisar: "Atenção, atenção! Uma nova era está começando a partir de agora!", porém não é assim que funciona: as pessoas mudam de opinião e nem percebem... até que de repente se dão conta, como quando você se depara com um antigo caderno de exercícios. E aí elas anunciam

com orgulho: "Nós representamos a nova era!", e não raro acrescentam: "Nossa, como as pessoas eram estúpidas!".

Algo parecido se deu nos tempos do Iluminismo, depois em relação à escravidão e aos direitos das mulheres e, posteriormente, na transição do carnismo para o veganismo.

Um gato dorminhoco e um frango assado

Se você nasceu em 1983 na cidade holandesa de Utrecht e, como eu, cresceu no seio de uma família amorosa com um cachorro chamado Kaj, uma gatinha cinza chamada Klauwtje ("Garrinha", devido à sua mania de arranhar) e um gato gorducho e ruivo chamado Woutje (para rimar), então provavelmente se considerava um genuíno apaixonado por animais. Quis ser veterinário quando crescesse; quis salvar todos os animais doentes; e, no seu mundo ideal, os gatos seriam imortais, pois a possibilidade de perdê-los lhe parecia terrível. Também deve ter ganhado uns trocados levando o cachorro do vizinho para passear. De manhã, antes de sair com ele, comia pão integral com queijo e tomava uma caneca de leite; depois, espalhava geleia numa fatia de pão de fôrma, salpicava de granulado de chocolate e entornava um copo de suco de laranja — combinação que você gostava mais, mas que diziam ser menos saudável do que leite e derivados. De tarde, comia um sanduíche com manteiga e presunto (delícia!) ou salame (mais delícia ainda!) e, de noite, espaguete com almôndegas e molho de tomate, ou frango assado, seu prato favorito, especialmente quando a pele ficava crocante e a carne suculenta. De noite, na cama, sob uma cabana de cobertor, o gato aninhado ao lado e uma lanterna na mão, lia escondido um livro, seguro de que seus pais não sabiam (sabiam!) que ainda estava acordado. Quando já não conseguia manter os olhos abertos, você guardava o livro e a lanterna com todo o cuidado do mundo para não perturbar o gato.

Se na sua infância alguém tivesse contado que cães e gatos costumavam ser torturados física e psicologicamente, engordados a ponto de mal conseguirem andar, forçados a viver em jaulas minúsculas e mortos com poucos meses de idade — apesar de estarem perfeitamente saudáveis — para servirem de alimento, você teria se desfeito em lágrimas e se recusado a comer a carne que seus pais colocavam em seu prato. Essa possibilidade teria provocado em você raiva e nojo: que tipo de pessoa comeria criaturas tão adoráveis quanto esses animais?

Pois bem, é exatamente isso que se faz com as vacas, os porcos e as galinhas que você devora dia sim, outro também, e você não vê absolutamente nada de errado. Ou seja, você faz uma distinção entre animais de estimação (que devem ser tratados com carinho e cuidado) e animais de produção (que podem ficar doentes, ser mortos e comidos). Essa discrepância é muito difundida entre os indivíduos da minha geração e só pode ser entendida a partir de outra narrativa, uma tão popular quanto disparatada, que vou contar aqui: a narrativa do carnismo.

Carnismo

Você, eu e gerações inteiras antes de nós nos mantivemos devotos de uma ideologia que viria a receber o nome de carnismo, na qual crianças são condicionadas desde cedo a comer carne e beber leite de origem animal.

O que determina quais animais você pode comer e quais não pode é o tipo de produção pecuária estabelecido em seu país, como também as crenças culturais que envolvem animais. Na maior parte do mundo ocidental, sempre foi normal comer (e torturar) galinha, porco, cabra, cavalo, peixe; já comer gato, cachorro ou hamster era tabu. Estes são considerados companheiros, amigos, ao passo que os primeiros são comida, objetos a serem explorados. Em outros países, os componentes dessas categorias variam: por exemplo, na China, Coreia do Sul, Filipinas, Tailândia, Laos, Vietnã, Camboja, Nigéria, partes da Indonésia e na região de Nagalândia, na Índia, comer cachorro era normalíssimo, ao passo que na Índia comer vaca era tabu, por ser considerada um animal sagrado.

As pessoas que viviam na era do carnismo não tinham consciência de que tinham aderido a uma ideologia e, de modo geral, não consideravam estar fazendo algo errado. Elas não percebiam que viviam sob o jugo do carnismo, da mesma forma que antes do Iluminismo as pessoas não percebiam que viviam na idade das trevas.

Isso porque a narrativa do carnismo era a ideologia dominante daquele tempo. Ocorre que, quando uma ideologia é dominante — isto é, quando perfaz um sistema de convicções sustentado pela vasta maioria da sociedade —, é difícil que os indivíduos reconheçam sua adesão a ela como uma *escolha* pessoal e voluntária, ou mesmo como uma ideia na qual podem escolher acreditar... ou não. Isso não muda o fato de que o carnismo é uma ideologia. Se comer carne não é uma necessidade para a sobrevivência (como é o caso na maior parte do mundo), então é uma escolha, e escolhas decorrem de crenças: você não precisa fazer, mas faz mesmo assim porque acredita ter uma boa razão para fazê-lo.

Os três mitos do carnismo

Nós que comíamos animais considerávamos ter três boas razões para viver de acordo com a ideologia do carnismo. A psicóloga Melanie Joy, diplomada pela Universidade Harvard, diz que circulavam na sociedade diversos mitos que legitimavam a ideologia carnista, de modo que o ato de comer carne era tido como *normal, natural* e *necessário*. Estas três narrativas eram promovidas por médicos, cientistas, nutricionistas, professores e pais e, assim, sendo repetidas à exaustão e por tantas pessoas, pareciam ser irrefutáveis.

Demorou muito para que esses mitos fossem desmascarados como tais. Primeiro, especialistas em nutrição e saúde descobriram que o consumo de carne não era tão saudável quanto se pensava até então; estabeleceu-se uma relação entre determinados tipos de carne e doenças que à época eram comuns e também fatais, como câncer e obesidade. Além disso, cientistas descobriram que, em geral, indivíduos que seguiam uma dieta sem carne eram mais saudáveis e vigorosos do que aqueles que consumiam grandes quantidades de carne. O fato de a carne não ser benéfica para o ser humano implica que nem tampouco é necessária para sua saúde.

Depois veio a notícia de que o homem primitivo não era carnívoro, do que decorre que comer carne não é "natural" *per se*. Indícios apontam que o *Homo naledi*, que já mencionei de passagem, era vegetariano; os primeiros *Homo sapiens* não saíam por aí matando animais com suas clavas; eles aproveitavam os restos de carne dos cadáveres das presas de enormes predadores. De fato, até a Revolução Industrial, o homem moderno se alimentou majoritariamente de cereais e raízes; comer carne era um privilégio dos ricos. Os pobres não tinham condições financeiras de comprá-la, e ainda por cima se dizia que era inadequada para a constituição femini-na. Em resumo, a carne não foi um item alimentício "normal" durante a maior parte da história humana.

Vou me aprofundar nessas descobertas adiante; por ora, importa ter a consciência de que as pessoas que creem na ideologia carnista (comedores de animais) não apresentam uma predisposição para a violência, mas agem, sim, com violência. Se comer carne não é normal, nem natural, nem necessário, logo a escolha por fazê-lo é extremamente violenta. Não é possível produzir carne sem a utilização de violência, como não é possível produzir ovos e derivados de leite sem causar mal a animais. Ainda assim, os comedores de carne, em sua maioria, diriam ser compassivos, empáticos e justos, e não estariam mentindo no que se refere a pessoas e certos bichos: tais valores só não são colocados em prática quando se trata daqueles animais que os carnistas consideram comestíveis.

Um amplo estudo de 2017 mostrou que 70% dos estadunidenses consideravam um dever humano oferecer cuidado apropriado aos animais.[13] A mesma convicção tinham os criadores apresentados no capítulo 1, que se descreviam como amigos dos animais (em muitos casos, foi esse sentimento que gerou o desejo de criá-los), mas ao mesmo tempo entendiam ser normal estressá-los, machucá-los e matá-los. E essa convicção pode ser percebida também nas minhas lembranças de infância, no fato de que eu amava os bichinhos de estimação, porém não deixava de me deliciar com a pele de animais de produção.

Em poucas palavras, podemos definir carnismo como uma ideologia extremamente violenta sustentada por milhões de pessoas pacíficas. Pessoas que não se desgarram dessa ideologia mesmo quando ela vai de encontro a seus valores mais fundamentais. Como é possível que indivíduos inteligentes, razoáveis, procedam na contramão de seus valores mais profundos e ainda se sintam bem? A resposta a essa questão passa por muitos fatores. Um deles, eu já mencionei quando falei das narrativas do big-bang e da evolução: quando não há à disposição uma alternativa, as pessoas se apegam a qualquer narrativa existente, por mais ilógica e frágil que seja. O modo de vida violento que caracteriza o carnismo é um dado da realidade ao qual os indivíduos se habituam desde o nascimento, por um processo de familiarização que vai conferindo conotação de absurdo à hipótese de levar uma vida completamente diferente, de maneira que o carnismo se torna o estilo de vida modelar. Os demais fatores da resposta serão explorados na última parte deste capítulo, especialmente a manipulação da realidade objetiva perpetrada contra as massas pelos poderosos da era carnista e a constante negação dessa mesma realidade objetiva por parte do indivíduo.

Manipulação

Choque de realidade: atualmente, as empresas produtoras de carne, laticínios e frutos do mar são apresentadas como negócios familiares, de pequena escala, porém o fato é que sempre fizeram parte de uma indústria multibilionária. Se o número de vegetarianos e veganos cresceu exponencialmente desde 2018, as cifras anuais dos produtores de carne cresceram em igual medida, devido principalmente ao crescimento de seu mercado consumidor em países não ocidentais, como China e Índia. Entre 1961 e 2018, a produção global de carne quase quadruplicou: de 78 milhões de toneladas por ano para 340 milhões de toneladas. No verão de 2018, o site Beef2Live (cujo slogan é "Coma carne para viver melhor") anunciou que a produção mundial de carne havia atingido um recorde naquele ano.

A indústria de leite e derivados também gera quantidades imensas de dinheiro. Se, por um lado, as receitas dos produtos tradicionais caíram no Ocidente em decorrência da demanda cada vez maior por substitutos do leite, as exportações de leite e derivados para a Ásia cresceram, compensando quaisquer perdas. O queijo, considerado produto de luxo, vai particularmente bem na medida em que a prosperidade crescente de países como a China alavanca a demanda por esse tipo de commodity gourmet.[14]

Por fim, temos a indústria de frutos do mar, que passa por um crescimento inédito — e cujo funcionamento representa bem a nocividade do sistema de alimentos do século XXI para os animais e o meio ambiente. Essa nocividade, no entanto, não é percebida por todos os meus amigos e conhecidos: muitos, quando ouvem a palavra "pesca", são remetidos àquela atividade relaxante da qual os pais, avós ou um vizinho mais velho falavam de vez em quando. Seguir para o riozinho nos arredores da cidade, arremessar a linha, passar horas sobre um trecho de água parada até que, finalmente, um peixe é fisgado, do tamanho perfeito para ser assado na grelha, perfeito para uma família de quatro.

Faz muito tempo que as coisas mudaram.

A indústria da pesca é hoje uma megaindústria hipertecnológica, que faz uso de sonares, redes gigantescas e técnicas de captura computadorizadas. Um método comum, por exemplo, é a rede de emalhe, que é arrastada pelo navio de pesca por horas ou mesmo dias, provocando ferimentos de forma contínua nos peixes — ainda vivos — que vão sendo capturados e levados por ela. Outro método bastante usado é a rede de arrasto: populações inteiras de frutos do mar são capturadas e amontoadas no fundo da rede, mais apertado que as demais partes, antes de serem içadas ao barco, onde morrem sufocadas sob a massa de peixes, crustáceos e afins. Para piorar, a rede de arrasto danifica as formações de corais que encontra pelo caminho, assim como prende — ferindo ou matando — outras formas de vida marinha.

Além disso, muitos dos animais capturados nessas redes o são sem nenhuma serventia: é o que se chama de captura acidental — acidental, porém vasta. Segundo dados de 2010, para cada porção de camarão pescada em águas holandesas, 1 a 5 porções de outras espécies de frutos do mar eram devolvidas sem vida ao oceano. No caso de camarões tropicais, como os apanhados na costa do Suriname, a captura acidental representa até 90% da pesca. Já no caso de um dos queridinhos dos holandeses, o linguado, a captura acidental chega a 70% — sim, isso significa que, de cada 100 quilos de pescado, 30 são linguados trazidos à terra e comercializados, enquanto 70 quilos são de outros animais devolvidos mortos ao mar. Como resultado dessa limpa nos oceanos, os estoques de frutos do mar estão minguando no mundo todo. Mais ou menos metade da vida marinha consumida globalmente não vem de mares e rios, e sim de cativeiros, cujo objetivo é criar o maior número de peixes pelo menor custo possível, o que só ocorre porque peixes e crustáceos são apinhados em redes, jaulas e bandejas e mantidos vivos à base de remédios, hormônios e pesticidas. A consequência é a devastação não apenas da vida desses animais, mas também da biodiversidade e do meio ambiente, já que cativeiros liberam gases prejudiciais em quantidades parecidas, quando não piores, com a de fazendas de criação de gado. Por sua vez, a água dos cativeiros, superpovoada, se polui rapidamente e se torna o ambiente perfeito para a proliferação de parasitas; ainda que ela seja bombardeada de antibióticos, de 20% a 40% dos frutos do mar de cativeiro morrem de doença ou infecção.

Propaganda

Há muitos pesquisadores que atribuem aos produtores de carne, de leite e derivados e de frutos do mar uma capacidade de influência maior do que aquela dos políticos. Esses produtores têm, por exemplo, orçamentos gigantescos para gastar na promoção da ideologia carnista, o que fazem por meio de atrativos comerciais pensados cuidadosamente para incentivar as crianças a comer carne ou a anunciar o leite de vaca como item essencial em qualquer dieta.

Nos anos 1990, época em que eu gastava a maior parte da minha energia fazendo carinho em cachorros e gatos, energia essa que era fornecida pelo consumo de leite e carne, escutei incontáveis vezes na televisão o famigerado slogan da indústria do leite holandesa: "Leite: o combustível branco".

Outra maneira bastante utilizada pelos setores da carne e do leite para incentivar o carnismo é fazer com que consumidores de carne, tanto jovens quanto velhos, saibam muito pouco sobre como a carne é realmente produzida. Galinhas abatidas são cortadas em blocos irreconhecíveis e vendidas como "*nuggets*", ao passo que porcos e vacas são moídos e achatados, sendo o hambúrguer sua mais popular versão encontrada em supermercados — o qual não tem nada que remeta ao animal morto.

Durante o período correspondente à minha pesquisa para este livro, 95% da carne comercializada em supermercados e açougues veio da pecuária industrial intensiva, porém todos os anúncios que vi de carne e leite nesse mesmo tempo passavam uma imagem romantizada da vida na fazenda pré-industrial. Um exemplo são as embalagens de carne que mostram vacas e ovelhas pastando em vastos gramados, quando na verdade os animais dos quais aquela carne veio mal viram em sua breve existência o mundo exterior. E, claro, nas embalagens de leite e iogurte, você não encontra tetas enormes e infectadas e cascos deteriorados — duas condições frequentemente observadas nos gados da raça holstein-frísia, a mais comum na Europa e nos Estados Unidos e que foi procriada especificamente para produzir maiores quantidades de leite.

Os produtores de carne, de frutos do mar e de leite estampam em suas embalagens selos enganosos com o intuito de certificar aos consumidores de que os rumores sobre a criação industrial de animais (e seus efeitos nocivos para o meio ambiente) são falsos; a mensagem de fundo é que eles continuam sendo, em essência, um negócio familiar, em que cada animalzinho é chamado pelo nome, é tratado com respeito e morre sem sofrer.

Soltos, mas nem tanto

Os selos referentes à criação de galinhas ilustram bem a manipulação dos comedores de carne. A noção de "galinhas criadas soltas" e seus respectivos ovos dá ao consumidor a impressão de que essas aves tiveram uma vida melhor do que aquelas criadas no sistema de gaiolas em bateria e chamadas de galinhas ou frangos de corte. Embora não deixe de ser verdade, a definição de "melhor" é bem relativa aqui, porém isso não é mencionado na embalagem. Os frangos de corte — que você come nas redes de fast-food e em certos restaurantes — são criados de modo a crescer e engordar em um breve período de tempo, o que significa que geralmente eles mal conseguem se locomover, mas ficam aptos para o abate em seis semanas, quando pesam por volta de 2,5 quilos. Até esse ponto, eles dividem o metro quadrado em um grande estábulo com 19 outros frangos, o que é menos espaço do que uma couve-flor tem para crescer na terra. Como é grande a probabilidade de que frangos amontoados briguem ou fiquem doentes (tanto um quanto outro se traduzem em perdas para o produtor, já que a carne de frangos adoecidos ou mortos prematuramente não pode ser vendida), recebem doses preventivas de antibiótico e têm a ponta do bico cauterizada.

Sem anestesia.

Detalhe: o bico de uma galinha é seu órgão sensorial mais importante.

Os criadores de aves, em vez de atacarem a causa do sofrimento (animais demais num espaço de menos), optaram por adaptar os animais a ela. O que também não é mencionado nas embalagens, nem mesmo nas letrinhas miúdas.

A despeito de o selo "criadas soltas" dar a ideia de que aquelas galinhas levaram uma vida melhor do que seus parentes frangos de corte — o indivíduo que compra ovos ou carne com esse selo logo imagina as "galinhas criadas soltas" vivendo idilicamente ao ar livre, com um grande espaço à disposição para ciscar —, a realidade é que elas dividem um espaço de 10 metros quadrados com outras nove. É verdade que, diferentemente dos frangos de corte e das galinhas criadas no sistema de baterias de gaiola, elas até podem sair, porém em grupos de centenas, num enorme estábulo cercado com ração espalhada no chão. Às vezes há uma passagem livre para o mundo exterior, mas isso não é requisito para nenhuma certificação. Como os frangos de corte, as galinhas criadas soltas recebem antibióticos, têm o bico cauterizado e crescem tão rápido que abatê-las aproximadamente na nona semana de vida garante o lucro dos criadores.

Banidos

Selos enganosos como esses existem em outras áreas da pecuária intensiva, as quais são igualmente cruéis com os animais. Nos Estados Unidos, por exemplo, agências de certificação de bem-estar animal oferecem três métodos "humanitários" de castração de leitões e bezerros: cirurgia, uma técnica que usa anéis de borracha e um método em que os testículos são esmagados — em nenhuma se usa anestesia. Além disso, com vista a oferecer "cuidado humanitário" aos animais de produção, o governo estadunidense, em associação com a indústria pecuária, criou a "lei das 28 horas", segundo a qual veículos que transportem gado para o abate devem obrigatoriamente parar a cada 28 horas para que os animais possam comer, beber e se locomover. Ou seja, eles ficam aglomerados em um caminhão em movimento, vulneráveis ao calor e ao frio, sem comida nem água, e esse tratamento é considerado "humanitário" *desde que não dure mais do que 28 horas seguidas.*

A maioria dos comedores de carne se deixa enganar por esses certificados e nunca conhece de fato uma grande fábrica de produtos de origem animal. Eles até visitam estabelecimentos menores onde os animais servem como atração ou a propósitos educacionais ou comerciais, tais como fazendinhas, presentes em muitas cidades, porém tais locais não têm nada a ver com uma fábrica de produção em larga escala de frango, porco ou gado, que costuma ser estrategicamente construída em áreas afastadas, fora da vista e dos ouvidos dos comedores de carne. Ainda que houvesse um comedor de carne cético que quisesse visitar um desses megaestábulos ou um matadouro, não seria nada simples: não é permitida a entrada de visitantes nessas propriedades, e invadir a cerca (para gravar um vídeo, por exemplo, como ainda tentam fazer ativistas pelos direitos dos animais) é ilegal. Nos Estados Unidos, ativistas pelos direitos dos animais podem ser acusados como terroristas em caso de violação da Lei Antiterrorismo contra Empreendimentos Animais. Na Europa, existem outros métodos não menos efetivos, os quais, no caso da Holanda, geraram uma série de pronunciamentos de interesse público na televisão sobre "extremismo animal".

As elaboradas técnicas de propaganda engendradas pelas indústrias da carne e do leite não são, no entanto, a única causa do apego dos comedores de carne à ideologia carnista. À revelia deles, mora em seu próprio corpo um defensor fanático do carnismo: o cérebro.

O cérebro no controle

O cérebro é como um guarda-costas pessoal que faz de tudo para proteger o indivíduo de informações complicadas, dolorosas ou confusas. E o faz para mantê-lo satisfeito e tranquilo. Psicólogos descobriram que nos encontramos em nosso melhor estado quando agimos em concordância com nossas crenças e quando estas, assim como nossas ideias e opiniões, se juntam em uma narrativa coerente. Se entramos em contato com crenças, ideias e opiniões conflitantes com as nossas, ou se agimos em contrariedade a nossas convicções, experimentamos uma desagradável tensão, que, na literatura especializada, é chamada de "dissonância cognitiva". Sorte que somos equipados com um guarda-costas incansável que entra em ação assim que a tensão começa a se intensificar. O cérebro é versado em medidas de emergência para aplacar a dissonância.

Um mecanismo de enfrentamento bastante usado pelo cérebro é adequar novas informações às nossas convicções já estabelecidas: ele ergue muros de defesa que impedem a passagem de informações que ponham em risco nossa paz interior, num processo tão dinâmico que nem percebemos.

Pesquisas demonstram que comedores de carne sistematicamente subestimam a inteligência dos animais categorizados por eles próprios como "comestíveis", o que não fazem em relação aos animais que não costumam comer. Esse pensamento é recorrente entre os comedores de carne a despeito do fato, comprovado por pesquisadores no século XXI, de que porcos são tão ou mais inteligentes do que primatas (são capazes de aprender a manusear um joystick, por exemplo); sentem medo e felicidade; gostam de brincar, tal como os cachorros; são sociáveis; enlutam-se pela morte de outros porcos; preferem comer na companhia de porcos a comer sozinhos; e, como nós, são capazes de sentir empatia.

A evidência é abundante, pode ser lida nas mais diversas e populares fontes de notícia, pode ser ouvida da boca de apresentadores de TV, e ainda assim as implicações de tais informações parecem não ser apreendidas pelos comedores de carne. O guarda-costas superprotetor interrompe essas informações com justificativas para legitimar que um porco viva num megaestábulo, que nunca possa brincar, que seja tirado da mãe após pouco tempo de vida ou seja abatido ainda jovem. O próximo passo é dizer: "Certo, porcos são mais espertos do que pensávamos, mas eles não têm noção do tempo"; ou "Como os porcos não entendem o que é morte, não é tão ruim assim fazê-los passar por essa experiência"; ou "Infelizmente, temos que fazer isso porque as pessoas precisam de carne para ter saúde". Embora essas justificativas sejam repetidamente desmentidas pelas descobertas de zoólogos e especialistas em saúde, a necessidade humana de agir conforme as próprias crenças e de evitar a dissonância cognitiva acaba falando mais alto. A única solução é mudar o comportamento, isto é, parar de comer carne, porém essa mudança exige muito esforço e adaptação e provoca desconforto, ainda mais quando o entorno continuará comendo carne. A outra solução para se prevenir da dissonância é adequar as crenças aos comportamentos. Comedores de carne se consideram seres bons, gentis, civilizados, e seres bons, gentis e civilizados não permitiriam que outros seres inteligentes e sensíveis sofressem desnecessariamente, daí que suas mentes insistem em tratar os porcos como seres estúpidos e incapazes de sentir emoções e em conceber a carne como um alimento vital.

Um a zero para o guarda-costas.

Exceções aqui e ali

Outra sagaz estratégia a que o cérebro recorre para combater aquela tensãozinha chata é classificar informações inconvenientes como "exceções". O danadinho afirma que animais têm o direito de ser tratados com dignidade, exceto aqueles que foram colocados na Terra para nos servir.

Esse truque do nosso guarda-costas mental não se aplica apenas ao carnismo, mas também a outras ideologias e períodos ao longo da história. Até a segunda década do século xx, era quase consenso que as mulheres não deveriam ter direito ao voto por não serem perfeitamente racionais; elas eram "diferentes" e, portanto, uma exceção.[15]

Em 1865, muitos brancos consideravam os negros menos inteligentes, menos diligentes, menos confiáveis e mais violentos e, sendo assim, incapazes de fazer bom uso da educação formal ou de se conservar num trabalho decente. Talvez você não entenda como as pessoas demoraram para se dar conta do absurdo de tais ideias, já que negros provariam facilmente sua competência, seu asseio e sua obediência às leis, mas aí estaria subestimando o guarda-costas que habita sua cabeça e, em consequência, a tenacidade de uma ideologia dominante: elas são tão resistentes porque seus defensores estão presos a um círculo vicioso composto de crenças subjetivas e provas concretas. O fato de que os trabalhos mais bem reputados eram exercidos por brancos reforçava continuamente a ideia de que negros eram inferiores — o homem branco médio diria algo como: "Os negros já não são escravos e mesmo assim você não vê professores ou juízes negros, o que é uma prova irrefutável de que são mais burros e preguiçosos do que nós". Assim, negros não eram contratados para os cargos mais valorizados, e a ausência de negros em tais cargos servia como "prova" de sua inferioridade.

A "tática da exceção" nesse caso se manteve efetiva por um tempo dolorosamente longo. Já em 1958, um negro chamado Clennon King tentou se matricular na Universidade do Mississippi e terminou preso em um hospício por determinação de um juiz que argumentou que um negro que tomasse uma atitude como essa só poderia estar louco. Para esse juiz, a superioridade branca era normal, necessária e natural.

Parece familiar?

Essa digressão na narrativa do carnismo não tem o intuito de estabelecer uma comparação entre o tratamento degradante e horrendo que meus ancestrais brancos dispensaram ao povo negro e as experiências dos animais na era do carnismo; seu objetivo é mostrar que narrativas sem qualquer lógica, que vão contra nossos valores mais fundamentais, podem persistir por anos, décadas, às vezes séculos. O que lhes dá fôlego são as figuras de poder na sociedade, as convenções culturais, assim como ideias que carregamos dentro de nós mas ignoramos completamente.

Anormal

No tempo em que escrevo este livro, existe um grande contingente de pessoas que enxergam a verdade por trás dos mitos e são imunes aos truques da mente: os veganos. Como formam uma minoria (um sociólogo diria se tratar de uma "ideologia não dominante"), parece que são os veganos, e não os comedores de carne e leite, que defendem um sistema de convicções anormal, irracional. Existem restaurantes específicos para essas "exceções", e, se um vegano quiser comer num restaurante "normal", provavelmente terá de solicitar ao chef um preparo excepcional, que não leve nenhum produto de origem animal. Para comer durante uma viagem de avião, precisará requerer uma "opção dietética adaptada à dieta médica ou à religião"; já na casa de um amigo ou parente, terá de pedir muito educadamente ao anfitrião se ele pode oferecer algo que se adéque à sua dieta alimentar "especial". Isso pode deixar o anfitrião preocupado, já que não está acostumado a preparar pratos que não levem produtos de origem animal. E a preocupação pode desembocar em irritação, se o anfitrião considerar o pedido estranho ou indelicado: "Como assim, você vai recusar meu maravilhoso pernil de cordeiro? Você que precisa se adaptar aos outros!".

No próximo capítulo, vou explicar como e quando os veganos se tornaram a regra. Ainda nos dias de glória do carnismo, eles estão passando por uma transformação extraordinária em sua imagem. Ao longo dos últimos anos, a minoria vegana deixou de ser um grupo decadente de indivíduos anêmicos para se tornar um clube de elite formado por sarados, até finalmente se expandir para acolher tatuados, gordinhos, gays e todas as outras pessoas "normais".

Interlúdio
Nós não sabíamos

A cozinha exala um aroma marcante, que lembra levemente o de argila. O robô-cozinheiro avisa com um bipe que a seladora a vácuo está se desligando. Winston Smith se vira para o monitor na parede, que mostra três pontinhos vermelhos se movendo pelo mapa da cidade, vindos de áreas diferentes. Sua esposa, seu filho e seu neto estão a caminho de casa, não tardarão muito. Timing perfeito.

— Iniciar resfriamento rápido para morno — ordena ao robô, que ele e a esposa compraram e decidiram chamar de O'Brien por algum motivo que nem lembram mais.

Winston apoia as mãos nos quadris, inclina-se ligeiramente para trás e estufa o peito para se alongar.

— Iniciando resfriamento rápido — o som da máquina reverbera na cozinha. É uma voz masculina que já parece fazer parte da família.

Winston bate palmas uma vez.

— Tocar música, O'Brien. *Playlist* para cozinhar.

Quase instantaneamente, o ambiente é preenchido pela melodia de um saxofone, e Winston assobia junto. Ele desliza a faca contra a pedra de afiar algumas vezes — ainda faz do jeito antigo, manualmente, como lhe foi ensinado, pois assim ela fica muito mais amolada do que com um afiador automático.

— O preparo já deve estar morno — informa O'Brien.

Winston retira o saco da máquina seladora e despeja o conteúdo sobre uma grossa tábua de madeira, e o líquido vermelho-escuro escoa pela ranhura. Ele posiciona a ponta da faca entre o indicador e o polegar e cuidadosamente começa a fazer movimentos de corte. Nesta receita, precisão é tudo: quanto mais finas as fatias, melhor. Logo a ponta de seus dedos também está manchada de vermelho; ainda bem que Winston colocou seu avental.

A música para de repente. Winston observa ansioso seu neto entrar num passo preguiçoso. Atrás dele, surge a alta figura de George.

— Oi, pai! — diz George animadamente.

Syme e George vivem no mesmo condomínio domiciliar de Winston e Julia, em casas separadas. Uma vez por semana, eles fazem uma refeição familiar com comida de verdade, quase sempre nesta mesma cozinha, e quase sempre é Winston quem a prepara. Não lhe falta tempo, diferentemente da esposa. Como a maior parte dos indivíduos de sua geração que se mantêm cheios de vitalidade mesmo após a aposentadoria, Julia dedica muitas horas de seus dias ao voluntariado em programas de despoluição dos mares e da atmosfera. É uma forma de compensar os danos anteriormente causados ao meio ambiente. Winston teve de parar no ano passado, aos 75, pois as dores nas costas se tornaram insuportáveis. Embora jamais admita em voz alta, ele está extremamente contente por passar mais tempo em casa. Durante a vida de aposentado, descobriu um grande prazer nas idas — sempre na companhia do Senhor Charrington, o cão-robô — às fazendas subaquáticas que circundam o condomínio para fazer compras para o jantar em família, especialmente porque nesta oportunidade comem à mesa, usando pratos e talheres.

Diferentemente de Julia, ele nunca se habituou às pílulas nutritivas ou às vitaminas. Enquanto ela as considera úteis ("São um ganho de tempo", diz), Winston acha que são tão insossas quanto as noites sem refeição com a família reunida em torno da mesa, noites estas que parecem se arrastar mais ainda agora que não é preciso gastar tempo preparando e comendo comida de verdade. As pílulas também o fizeram ganhar peso, apesar de Julia afirmar que isso é impossível. Em teoria, ela está certa, e ele entende a lógica: as pílulas contêm a quantidade exata de calorias e nutrientes para oferecer energia para o dia sem produzir reservas de gordura adicionais. Na prática, no entanto, não é bem assim que funciona. É como se o estômago de Winston não entendesse que uma única pílula substitui as três refeições diárias de antigamente. Nos dias de pílula, ele tem todo tipo de desejo, e, não fosse o fato de a geladeira monitorar a quantidade de comida que guarda (e quem a usa), seu avental estaria ainda mais apertado do que se tornou nos últimos anos. As vitaminas, que ele

O FUTURO DA COMIDA

bebe em dias alternados, ao menos dão a sensação de preencher o estômago, porém Winston não gosta muito da consistência pastosa.

— Que bom que vocês chegaram, meus amores! — diz ao filho e ao neto.

A porta elétrica da cozinha se fecha silenciosamente. Mantendo a faca numa posição segura às costas, Winston se agacha para abraçar o neto, mas Syme o evita com nojo dos dedos da mão livre do avô.

— Credo, vô — murmura enquanto tira a mochila. — Vai manchar a minha camiseta. Não sei por que você ainda faz essa comida cheia de frescura. — Ele caminha até a geladeira e se serve um copo de um suco verde-escuro.

Sem que o garoto perceba, George arqueia as sobrancelhas e revira os olhos; Winston responde com um sorriso. Neurologistas recentemente divulgaram que a parte do cérebro que controla a empatia é muito mais desenvolvida na geração mais jovem do que na geração carnista do próprio Winston, o que, quando Syme está de lua como agora, faz o velho se indagar se o neto não é a exceção à regra.

— Como foi o dia de vocês? — ele pergunta e apoia o corpo contra o balcão, olhando para os dois.

— Digamos que foi um dia produtivo — diz George.

O homem trabalha como cultivador de órgãos em um enorme laboratório na Eurásia, a três horas de distância no ônibus-bala movido a energia solar. Winston nota que o filho parece feliz, mas também um pouco cansado — o que não é de espantar, já que está na casa dos 50, embora não aparente. A pele do rosto não tem uma única ruga, o corpo é atlético, o cabelo, volumoso e preto.

— Fizemos alguns avanços consideráveis com os doadores de pulmão — comenta George enquanto tira os calçados impermeáveis.

Winston sabe que o laboratório se localiza num terreno flutuante, mas ainda não se acostumou a ver o filho naquelas vestes coloridas. Deste lado do mundo, tudo continuou extremamente seco (as construções não precisam ser à prova de enchente, apenas de fogo e de furacão).

— Recebemos as boas novas de manhã. Todas as cobaias humanas apresentaram uma boa reação ao tecido, acho que as operações da semana que vem vão acontecer conforme planejado.

— Isso é ótimo! — comemora Winston.

Ele balança a cabeça. É quase impossível acompanhar os avanços hoje em dia. Tanta gente morria de câncer de pulmão quando ele era jovem... E em breve a moléstia não seria mais do que um resfriado chato: até poderia deixar a pessoa doente, mas não a ponto de fazê-la faltar no trabalho.

— Então temos um motivo para celebrar! — diz Winston. — Vamos tomar uma tacinha de vinho? Tenho um muito bom aqui. — Sem esperar pela resposta, ele vai até a adega de madeira, pega uma garrafa e a coloca na adega climatizada.

Syme está estranhamente quieto, e Winston, ao ordenar a O'Brien que resfrie a garrafa até a temperatura ideal, nota que há algo errado também com George, que o encara como se quisesse alertá-lo de algo, porém o velho não consegue ler sua expressão. A camisa de George não exibe nenhum sinal de alerta — ele deve ter desligado a função (sempre cuidadoso com sua privacidade e tal).

Winston retorna à bancada para terminar de preparar a refeição.

— E você, Syme? — pergunta sem tirar o olhar da faca que está manejando. — Como foi na escola?

O neto murmura qualquer coisa que ele não compreende. Winston percebe pelo barulho que Syme saltou do skate solar para o chão.

— Leve o skate e seus materiais para o corredor agora mesmo, jovenzinho — diz Winston, num tom mais paciente do que incomodado. — Ou a vó vai tropeçar quando chegar. — Ele ignora o suspiro irritado de Syme. — Que horas é o aerobol? A comida vai ficar pronta em trinta minutos.

— Trinta e quatro minutos — corrige o assistente culinário.

— Está perfeito, pai — diz George, com uma voz afetuosa. Talvez não haja nada de errado com Syme, e George só deve estar exausto após um longo dia de trabalho. — Não precisa ter pressa, o Syme me avisou no caminho que não vai para o treino hoje, não está se sentindo muito bem.

— Eu tô ótimo! — grita Syme. — Não falei nada sobre faltar!

Winston se vira para o neto, que está lançando um olhar furioso para o pai.

— Em que momento eu falei que estava doente? — o garoto questiona com a voz trêmula. O olhar escurece, e manchas vermelhas surgem em seu pescoço. — Eu não quero comer essa comida! Prefiro tomar uma pílula logo! — Ele se enterra numa das cadeiras da cozinha e começa a descalçar tempestuosamente as botas magnéticas.

Winston desconfia que a camiseta do neto está um pouco mais escura do que quando Syme chegou, mas talvez seja apenas imaginação.

Afinal, o *coach* parental sempre diz que é normal os adolescentes da nova geração emitirem cores escuras com alguma frequência. Faz parte da transição para a vida adulta, Winston tenta se convencer.

Ele lava as mãos na torneira.

— Tem certeza? — pergunta, tomando cuidado para não deixar a preocupação transparecer. — Estou fazendo beterrabas-costeiras com grânulos de espelta-marinha e queijo de castanhas! Achei que você gostasse. — Ele não verbaliza tudo o que está pensando: é importante para as famílias fazer refeições juntas, principalmente aquelas que têm membros da geração carnista e da não carnista, e mais ainda as que têm membros não carnistas numa idade sensível.

Pílulas nutritivas são convenientes e saudáveis, é verdade, mas, segundo os próprios coaches de nutrição e outros especialistas, não substituem o potencial de criar laços que uma refeição à moda antiga oferece. Comer com a família em volta da mesa, o tempo próprio do uso dos talheres, a mastigação... Tudo isso cria a oportunidade para conversas mais profundas e até para a troca de informações emocionais.

Evitando olhar para Syme, Winston pega quatro pratos no armário. Será que as coisas desandaram de novo? Não, disse consigo mesmo. Será que George e Syme brigaram? Problemas na escola? Coração partido? Daqui a pouco ele melhora.

— Seu exame de sangue hoje de manhã mostrou que sua taxa de manganês está um pouco baixa — ouve George falando para Syme e imagina George observando os resultados no relógio enquanto diz isso, dando zoom com os dedos em pinça. — A refeição que o vovô está preparando é perfeita para treinar depois.

— Beterrabas-costeiras e cereais marinhos são alimentos recomendados ao membro Syme por serem ricos em nitrito e niacina — complementa o robô-cozinheiro. — O nitrito desenvolve a atividade mitocondrial, o que melhora a capacidade atlética. A niacina estimula a produção de hormônios relacionados à regulação do estresse e à reprodução sexual.

— O'Brien, desligar! — grita Syme.

Winston, segurando os pratos, se detém no meio da cozinha, onde a melodia do saxofone ainda se faz ouvir.

A camiseta do neto está quase inteira preta.

— Alguém vai me dizer o que está acontecendo? — pergunta Winston. George faz um aceno de cabeça para Syme e então começa a recolher a mochila e o skate do filho. — Syme?

A voz do garoto sai tão abafada que o avô mal consegue entendê-lo:

— Eu não consigo acreditar que você e a vó matavam animais para comer.

Há algo de errado, afinal de contas.

— Comíamos animais que já tinham sido mortos! — A voz de Winston sai mais aguda do que ele pretendia. Ele tenta controlar a respiração. Mas que saco. Esse assunto está teimando em aparecer ultimamente. Winston deposita os pratos na mesa redonda. — É uma diferença importante, Syme.

Se acalme. Meça as palavras, cada uma delas é importante. No entanto, em sua cabeça, as falas dos coaches de nutrição, do psicólogo da família e dos jornalistas começam a se embaralhar. O que dizem os especialistas mesmo? É parte da Revolução da Proteína; seu caráter intergeracional implica um comportamento crítico dos mais jovens em relação aos ex-comedores de animais. Ele deve agir com sinceridade e paciência e não varrer nada para baixo do tapete, pois isso só pioraria a situação; por outro lado, é importante enfatizar que, naqueles tempos, esse comportamento era em grande parte determinado socialmente.

— Essa diferença era fundamental para nós — afirma Winston, após se acalmar. — Gostaria que você fizesse um esforço para entender a partir dessa perspectiva. — Ele tenta usar o tom amistoso que treinou nas sessões de terapia em família.

Da gaveta, retira garfos e colheres, que dispõe nas laterais dos pratos. Guardanapos! Esqueceu dos guardanapos e das taças (se alguém se animar a tomar vinho). Senta-se na cadeira de frente para Syme e limpa os dedos no avental de piñatex, mas eles continuam manchados.

— As coisas funcionavam assim no passado, meu amor. Nós não tínhamos essa consciência, quase todo mundo comia carne.

— Eu sei... — sussurra Syme. Sua expressão está fechada, e Winston, como acontece sempre que observa o neto sem a intermediação de um monitor ou um filtro de beleza, nota as espinhas em sua testa. — E eu fui sincero quando falei na terapia que entendia suas decisões, mas na aula de hoje a gente assistiu a um documentário muito impactante sobre os costumes alimentares do passado, e isso não sai da minha cabeça. — Syme fixa um olhar sentido no avô. — Você comia vacas, sim? E bebia o leite delas?

Winston confirma com um gesto de cabeça. Os músculos de suas costas se enrijecem. Foram inúmeras as vezes nos últimos anos que teve de responder, com uma relutância crescente, a perguntas parecidas do neto. Hoje, porém, tudo o que quer é aproveitar a companhia da família e a refeição que preparou: quer celebrar o sucesso do trabalho duro de George que vai beneficiar as futuras gerações, e não ficar repisando o passado. É história. Aconteceu muito antes da proibição da pecuária pelo governo, que provocou a redução no número de animais em 70% — os mesmos 70% que, na Holanda, eram criados para exportação. Muito antes de o governo encerrar os subsídios aos produtores de leite e passar a incentivar os agricultores, muito antes também dos graves apelos divulgados na televisão a que a população parasse de consumir produtos de origem animal, numa desesperada e derradeira tentativa de conter os efeitos da mudança climática.

Ele e Julia não demoraram a aderir completamente a uma dieta plant-based, como a maioria dos habitantes de países em que essa era uma possibilidade concreta. Não foi como se tivessem tido uma escolha de fato. Com o fim dos subsídios para carne e leite, o preço desses produtos foi às alturas, tornando-os inacessíveis à maior parte da população, como nos séculos pré-industriais. Como consequência, a carne e o leite adquiriram uma péssima reputação. Só era possível consumir carne em cubículos específicos para esse fim, aposentos sem janelas onde os comedores de carne que podiam despender uma fortuna ficavam escondidos dos olhares das crianças, para não gerar desconforto.

Julia e Winston nunca tiveram essa necessidade. Os viciados em carne que eles viam nesses lugares tinham uma aparência doente, a tristeza era visível em seus olhos. De vez em quando, no início, os dois ainda comiam hambúrguer de grilo (ainda era permitido comer insetos), porém logo optaram pela carne cultivada em laboratório.

De canto de olho, Winston percebe que George o observa com pena. Sabe o que o filho pensa sobre o assunto. Ambos viveram na pele o que acontece quando os mais velhos não são honestos quanto a seu passado carnista. O psicólogo disse que era importante dar a Syme a chance de confrontar os avós com sua raiva difusa: os jovens que não tinham esse espaço apresentavam maior tendência a cortar relações com a família.

Sorte que Winston tem George ao seu lado, que sempre atua como um mediador entre ele e Julia e Syme. Após a Revolução da Proteína, surgiu um contingente de crianças que não aceitavam bem os pais, a quem culpavam pela poluição, pelo clima, pelos maus-tratos aos animais. Milhares delas se afastaram dos pais carnistas, e era comum que netos jamais quisessem ter contato com os avós. Esses jovens preferiam viver entre si em condomínios isolados, em outras regiões do mundo, o mais longe possível dos antigos comedores de carne. Winston não quer que isso aconteça e está disposto a conversar com Syme hoje e no futuro, tantas vezes quanto for necessário.

— Mesmo nos anos antes da Revolução da Proteína, vovó e eu paramos de consumir produtos de origem animal — começa. No mapa digital da cidade, um ponto vermelho pisca na entrada do condomínio. Julia estará batendo papo com os seguranças, o que certamente vai segurá-la por uns dez minutos. Ele gostaria que a esposa chegasse na hora uma vez que fosse; ela costuma trabalhar até tão tarde nas operações de despoluição que, sempre que Syme está chateado, é Winston quem tem de lidar com o neto. — E, mesmo quando éramos mais novos e ainda comíamos carne, só comprávamos orgânica. — Apoiando os cotovelos na mesa, ele se inclina para Syme. — Não fazia diferença, mas nós não sabíamos disso. A gente realmente acreditava que nas criações orgânicas os processos, incluindo o abate, eram menos estressantes, menos dolorosos. — Fita os dedos, ainda vermelhos da beterraba, e sente um cansaço súbito: nem começaram a falar do meio ambiente.

3
Da abstinência à tendência

Preciso fazer a advogada do diabo e admitir que, na era carnista, os primeiros veganos formavam um clube nada atrativo. Sendo direta, eles eram estranhos e bem chatos. Tá, tinham razão em algumas coisas, não é o ponto aqui, o ponto é que, na forma, sua mensagem (e eles próprios, diga-se) não era nada sedutora. Os rumores de que Hitler era vegetariano ou vegano não ajudavam muito também.

Os primeiros veganos: Adão, Eva e os pitagoristas

Os primeiros humanos se alimentavam de sementes, frutas e folhas, o que faz deles os primeiros veganos, porém afirmar que sua dieta era fruto de uma escolha seria forçar a barra: eles comiam o que encontravam, e plantas eram mais fáceis de obter do que animais. Com o escasseamento de vegetais devido às eras de transformações climáticas, o ser humano aderiu sem escrúpulos a uma dieta caracterizada pela crueldade: não parou de caçar animais até a eclosão da Revolução da Proteína, e, até onde sei, as pinturas rupestres daqueles tempos não têm nada que indique uma consciência culpada.

De acordo com a Bíblia, Adão e Eva também tinham uma dieta à base de vegetais: eram frutarianos, isto é, comiam sementes cruas e frutas, preferencialmente as que já tivessem caído das árvores. No sexto dia, Deus anunciou uma sedutora promoção para os frutarianos: "Eis que vos dou todas as plantas que nascem em toda a Terra e produzem sementes, e todas as árvores que dão frutos com sementes; elas vos servirão de alimento". No entanto, a já rígida dieta frutariana passou a ser ainda mais limitada quando Ele ordenou a suas primeiras criações humanas: "De toda árvore do jardim, comereis livremente, mas da árvore do conhecimento do bem e do mal, dela não comereis; porque, no dia em que dela comerdes, certamente morrereis". Podem comer os frutos de qualquer árvore do jardim, exceto a árvore que dá a conhecer o bem e o mal; não comam o fruto dessa árvore, se comerem vão morrer no mesmo dia. Ah, que ótimo: só deixam você comer fruta e ainda proíbem algumas.

Assim, Adão e Eva não comiam produtos de origem animal (nem cereais, legumes ou frutos proibidos, isto é, até que Eva não conseguiu mais resistir, mas essa é uma história para outro livro), porém, como no caso dos humanos pré-modernos, isso não se devia a uma escolha voluntária, e sim a uma ordem divina. Os dois eram veganos sem querer.

Algumas gerações se passariam até que as pessoas escolhessem conscientemente, por compaixão aos animais, não comer carne e outros produtos de origem animal. Isso aconteceu na Grécia Antiga. Sim, Grécia Antiga, aquele lugar onde, durante os Jogos Olímpicos, bois e outros animais eram festivamente sacrificados em oferenda a Zeus, onde se considerava Apolo o deus dos caçadores, onde os ricos senhores se deleitavam com suntuosos pratos de carne mesmo nos dias de semana; nesse mesmo lugar, havia diversos grupos que se opunham aos maus-tratos contra animais, grupos liderados pelos *influencers* de então, os filósofos.

A filosofia do veganismo

Comer carne era antinatural para o filósofo Teofrasto e seus seguidores, pois eles acreditavam que animais e humanos pertenciam a uma mesma família, de modo que essa ação seria uma espécie de canibalismo. Orfeu e Empédocles se abstinham de comer carne por motivo parecido, e também havia os pitagóricos, que formavam o maior grupo de rebeldes em defesa dos animais.

Pitágoras, um nome que você provavelmente reconhece do teorema que precisou decorar na escola. Sim, é o mesmo cara. O que não te contaram é que Matemática não era a única área de interesse dele.

E eu desconfio que seus professores não contaram o resto da história porque ele é muito mais interessante, e você esqueceria o teorema imediatamente. Pitágoras viveu no fim do século 6 a.C. e, durante sua vida, fundou uma corrente filosófica, o pitagorismo, que proibia seus seguidores de matar seres vivos e de participar em sacrifícios animais ou quaisquer derramamentos de sangue. Isso porque Pitágoras considerava que os animais tinham uma alma e, portanto, matá-los era um ato de crueldade. Ele afirma isso em palavras bem mais elegantes:

> Ah, que maldade introduzir carne em nossa própria carne, empanzinar nossos corpos glutões com outros corpos, alimentar uma criatura viva da morte de outra! Entre as tantas riquezas que a terra, a melhor das mães, provê, nada te satisfaz senão infligir dolorosos ferimentos com teus dentes cruéis, ao jeito de um ciclope! Não podes apaziguar o desejo faminto de teu estômago cruel e glutão exceto pela destruição de outras vidas.[16]

Pitágoras acreditava, ademais, que, se as pessoas se habituassem a matar animais, teriam menos resistência em matar outras pessoas.

Em outras palavras: uma dieta cruel conduz a uma vida cruel.

Não se sabe quantos seguidores a doutrina de Pitágoras teve; o que se sabe é que era preciso ser muito obstinado para participar do clube. Os mais fanáticos levavam uma vida austera ao lado do líder, sem nenhum tipo de posse individual. Havia também os membros que viviam nas próprias casas, mas tentavam viver de acordo com a filosofia dele.

Embora não fosse o único saber da abrangente corrente filosófica, a Matemática tinha uma grande importância nela: Pitágoras e seus seguidores estavam convictos de que números, razões numéricas e formas espaciais eram a chave para compreender o mundo e a realidade. No processo de decifração dessas chaves, eles se regozijavam com uma dieta composta de pão, verduras cruas ou cozidas, mel de vez em quando e, muito raramente, peixe. O vinho era proibido por razões que não são bem conhecidas. Também o eram as leguminosas, e os rumores são de que Pitágoras acreditava que parte da alma se perdia quando se soltava pum.

Verdade ou não, o fato é que os antipitagóricos achavam que o filósofo não batia bem da cabeça, e ele foi perseguido e obrigado a fugir com seus seguidores. Pouco se sabe do que ocorreu com os pitagóricos depois disso, porém seus ensinamentos jamais foram esquecidos.

Dormindo em folhas de jornal

Adivinha o que aconteceu? Muitos séculos mais tarde, em 1847, uns pitagóricos teimosos formaram a Sociedade Vegetariana do Reino Unido.

Era um lugar coerente para iniciar uma tal sociedade: os britânicos já eram familiarizados com a culinária indiana, predominantemente vegetariana, assim como com as ideias de Charles Darwin, que nessa mesma época defendia, em oposição ao senso comum, que seres humanos e animais não eram tão diferentes entre si.

O termo "vegetariano" foi cunhado por esses pitagóricos modernos a partir da palavra latina *vegetus*, que significa "aquele que leva uma vida saudável". Já o termo "vegano" foi criado em 1944 por Donald Watson e sua esposa, que suprimiram as sílabas intermediárias de "vegetariano" para denominar uma variedade mais rígida do vegetarianismo. Dentro de um curto período, organizações semelhantes se estabeleceram na Grã-Bretanha e em outros países: sociedades vegetarianas e veganas foram criadas nos Estados Unidos em 1850; na Austrália, em 1886; e na Alemanha, em 1892.

Esses grupos não eram nada populares, no entanto.

O que não é de surpreender, levando-se em conta a comida vegetariana que se comia então, classificada pela jornalista científica Marta Zaraska como uma "papa insossa". Em seu livro *Meathooked*, em que se lança numa análise do consumo de carne como imposição cultural, ela assim descreve a comida normalmente servida num restaurante vegetariano em algum ponto entre 1890 e 1920: "cenouras pálidas e molengas, acompanhadas de lamentosas beterrabas cozidas", tudo sem sal ou outros temperos, já que, como o álcool, eram considerados nocivos para a saúde.

Que delícia.

O que faz dos vegetarianos do século XIX quase tão minimalistas quanto os pitagóricos da Antiguidade. Um grupo específico de vegetarianos dos Estados Unidos, os grahamitas, proibia expressamente qualquer coisa que deixasse a vida naqueles tempos mais tolerável: carne, tabaco, álcool e sexo. Seu líder, Sylvester Graham, considerava que a melhor dieta consistia exclusivamente de pão integral; os biscoitos Graham, vendidos até hoje nos supermercados estadunidenses, são produzidos com uma mistura de farinha desenvolvida pelo próprio Graham. Outra grande contribuição que ele legou à humanidade foi o mito de que a masturbação excessiva pode provocar surdez. (Nossa! Obrigada, mestre.) John Harvey Kellogg, líder de outro grupo vegetariano do século XIX, defendia que as mulheres deveriam ser circuncidadas e dormir em um colchão feito de folhas de jornal. Na Fruitlands, uma fazenda comunitária idealizada pelo filósofo Amos Bronson Alcott, os residentes eram proibidos de se lavar com água quente e de usar qualquer fonte de luz artificial, assim como ingerir chá, café ou álcool; além disso, só podiam vestir roupas feitas de linho — a lã era vedada por ser proveniente da ovelha, e o algodão, por ser produzido com trabalho escravo. A comunidade utópica colapsou em menos de sete meses (ao que parece, não é simples tocar uma fazenda com indivíduos sem experiência agrícola). Ainda assim, a experiência da Fruitlands foi bem melhor do que a da Octagon City, no Kansas, uma comunidade que durou pelo tempo necessário para que as cobras, os mosquitos e os indígenas botassem os ocupantes para correr. Por fim, Tolstoi, mais conhecido por ter escrito *Anna Kariênina* do que por ser um militante vegetariano, clamava aos ricos que doassem suas propriedades e vivessem uma vida mais modesta e mais ecológica — digamos apenas que existem por aí estratégias de RP mais efetivas do que essa.

Alcott faleceu aos 60 anos, Graham, aos 57, e o presidente da Sociedade Vegetariana, aos 48. Nós sabemos que eles morreram de tuberculose e outras doenças comuns à época, e não da privação de carne, mas vai tentar convencer as pessoas que passaram anos desdenhando daqueles homens esquisitos e sisudos que só comiam carne e vestiam linho.

As duas guerras mundiais tornaram ainda menos popular um estilo de vida plant-based: um soldado recebia uma porção de carne, e as opções eram comer ou morrer de fome. A prioridade eram os humanos, não os animais. "Ninguém chorava pelos cavalos mortos", escreve Jojo Moyes em seu tocante *A garota que você deixou para trás*, sobre a Primeira Guerra Mundial. Ninguém tampouco chorava pelos porcos: no mesmo livro, a personagem principal, faminta, sonha com torresmos crocantes e gordos.

E chegamos a Adolf Hitler e aos insistentes rumores de que era vegetariano, talvez até vegano. Não é verdade, como sabemos por seus biógrafos e pelas entrevistas com seu cozinheiro, segundo quem Hitler adorava marreco recheado e outras carnes. O mito circulou por décadas, em parte porque o regime nazista implementou uma série de medidas protetivas aos animais e em parte porque Hitler e seus correligionários promoviam uma dieta vegetariana com o fim de tornar os arianos maiores e mais fortes. Talvez a persistência da lenda tenha a ver também com o fato, não comprovado, de que em seus últimos anos Hitler não comeu nada além de purê de batata e caldo de legumes, mas não por uma motivação ideológica, e sim porque esperava que assim seus problemas estomacais se amenizassem. Já eu acho que a flatulência e a constipação tenham ficado no fim de sua lista de preocupações.

Ódio ao sistema

O número de vegetarianos e veganos voltou a crescer no século XXI. O mundo se reergueu após as guerras mundiais e a pobreza e a fome extremas foram erradicadas, em parte graças à produção em massa de carne possibilitada pela pecuária intensiva. Só que essa mesma indústria passou a provocar repulsa num número cada vez maior de indivíduos.

Sociólogos entendem o renovamento dos vegetarianos no pós-industrial como um movimento social moderno. Para Alberto Melucci, um dos mais proeminentes pesquisadores do tema, movimento social é "uma forma de ação coletiva, baseada em solidariedade [e] na quebra dos limites do sistema dentro do qual a ação se dá".

É dizer: o sentimento coletivo de um movimento social existe na diferença para com as massas. O movimento social vegano era contracultural, um contramovimento. Contraculturas existem em oposição a uma cultura dominante, da qual os membros daquelas discordam em muitos aspectos. E vice-versa, já que os membros da cultura dominante enxergam os da contracultura com uma mistura de desagrado, medo, ceticismo e outros sentimentos negativos.

Há uma importante diferença entre movimentos como o veganismo e os grupos sociais "normais". Os membros de um grupo social se sentem conectados entre si, como você e seus amigos de faculdade com quem mantém contato e encontra para um almoço quatro vezes por ano: você pertence a esse grupo porque gosta das demais pessoas, porque compartilha com elas memórias nostálgicas. Um movimento social não funciona assim. Você pode achar os outros "membros" desse grupo incrivelmente irritantes. Não é preciso estabelecer laços de amizade com eles, nem mesmo se encontrar com eles. A conexão dentro desse grupo não se baseia nas escolhas pessoais dos indivíduos que o formam, mas na identidade coletiva. Veganos se identificavam como pessoas que decidiram não usar produtos de origem animal. Essa opção de estilo de vida era o que havia de comum entre eles, o que os unia numa contracultura — e o que, consequentemente, os afastava cada vez mais da cultura dominante.

Na era pós-industrial, as "armadilhas para pegar veganos" eram tão propagadas que a jornalista holandesa Amarens Eggeraat dedicou ao tema um grave artigo na revista *Vrij Nederland*, no qual tentava demonstrar apoio aos veganos. "Por que nós os odiamos?", ela se perguntava, mas ao mesmo tempo dizia que "eles não acertam uma".

A impopularidade dos veganos por muito tempo foi previsível: sua comida era sem graça e pouco variada, a dieta, o estilo de vida e a filosofia antipatizavam com as convenções sociais, e sua aparência exterior não se encaixava de maneira nenhuma nas modas correntes. Eram desnutridos e pálidos, usavam papete e barba cheia — um perfil que você dificilmente vai encontrar num site de relacionamentos.

Seu comportamento também não era adorável. Como observou a autora do artigo mencionado, eles eram loucos pelos animais e passavam "incontáveis horas falando sobre homus", ou então se portavam de um modo agitado, até agressivo. Quando um vegano aparecia no noticiário, era sempre empunhando um cartaz com uma mensagem raivosa e vociferando interminavelmente contra a pecuária intensiva, os carnistas e o mundo. Alguns gravavam vídeos escondidos em abatedouros para mostrar ao público a crueldade com que os animais eram tratados. Podia acontecer de um comedor de carne ficar tão chocado pelas cenas tétricas que decidia se tornar vegano, mas era raro; a maioria preferia fechar os olhos para esses vídeos de animais e assistir apenas àqueles mais fofinhos (filhotes de cachorro ou gato cumpriam bem o papel).

Descascando cenoura

Já os olhos da minha mãe, carnista, estavam bem abertos. Em seus tempos de estudante, ela tentou por vários meses parar de comer carne —

era moda na época, segundo me contou. Ah, e ela não gostava da ideia de comer animais. A primeira vez que me falou dessa tentativa foi no meu aniversário de 17 anos, em que ela me levou a um restaurante que não servia carne.

Eu estava ansiosíssima pelo passeio: era vegetariana não fazia muito tempo, e seria a minha primeira vez em um restaurante exclusivamente vegetariano. Quando a garçonete se aproximou, precisei fazer certo esforço para ignorar o vestido de linho branco e o fato de que ela estava descalça e pedi uma garrafa de vinho tinto para entrar no clima de celebração.

"Antigamente, não havia substitutos de carne que fossem gostosos de verdade", minha mãe falou enquanto examinávamos o cardápio. Sobre a toalha de mesa laranja, uma vela exalava um cheiro de incenso. "Hoje você encontra hambúrguer vegetariano no mercado, e, olha só, eles têm espetinho de *tempeh* e até imitações de filé! Quando tentei ser vegetariana, só existia tofu, e era tão insípido que eu não conseguia cogitar comer aquilo todo dia." Como tinha aprendido com minha avó apenas receitas em que a carne era a estrela do show, nesse período minha mãe precisou aprender do zero receitas vegetarianas que fossem tão saborosas quanto saudáveis. Segundo ela, não foi fácil. "Tinha tardes em que eu passava horas e mais horas descascando cenoura porque tinha lido em algum livro de receitas vegetarianas que da casca dava para fazer um molho que transformava até os preparos mais insossos. Todas as refeições que eu e seu pai fazíamos eram regadas a molho de cenoura." Ela me olhou com uma expressão pesarosa. "Chegou um ponto em que não conseguíamos nem olhar para uma cenoura, e o que aconteceu foi que passamos a comer menos comida em geral, até que, depois de algumas semanas, estávamos tão famintos e tão mal-humorados que não resistimos à carne."

Vinte anos depois desses acontecimentos, eu não tive dificuldade para compreender a escolha dos meus pais. A comida que nos serviram naquele restaurante vegetariano em 1999 não tinha tempero nenhum, o "vinho" era feito de suco de beterraba e não continha álcool, e o prato principal era uma maçaroca de lentilhas, tofu e muita, muita cenoura.

Lendo sobre a trajetória um tanto rançosa e impopular do veganismo, chega a ser inconcebível que o mesmo movimento social passaria, no século XXI, a congregar a galera descolada. Mas foi exatamente assim que as coisas se deram. Em poucos anos, os veganos passariam a ser vistos como gente sexy, legal e bem-sucedida.

O que aconteceu? O Instagram, foi o que aconteceu.

A política em imagens

Em artigo publicado em 2018 no *The Independent*, uma jornalista expressou sua absoluta surpresa com a transformação radical na visão geral sobre os veganos: "Como o veganismo passou de uma subcultura ridicularizada para um estilo de vida popular?".

Seu choque vinha do fato de que, naquele ano em particular, o estilo de vida plant-based tinha se difundido como nunca antes.

A *hashtag* #vegan de repente se tornou uma das mais mencionadas nas redes sociais como o Instagram, o termo "veganismo" passou a ser cada vez mais buscado no Google, e, uma após outra, estrelas do mundo dos esportes, do cinema e da música começaram a se declarar veganas.

O piloto multicampeão de Fórmula 1 Lewis Hamilton estava em sua melhor forma graças à energia fornecida pelos vegetais. O produtor musical Moby passou a fazer *posts* de teor militante sobre seus hábitos alimentares veganos. Beyoncé se afirmou vegana, e Ariana Grande se tornou uma também. Kylie Jenner se juntou ao clube, do qual Ellen DeGeneres já fazia parte havia um tempo, e Miley Cyrus gravou na pele sua intenção de ser vegana para sempre: ela tatuou o V que simboliza a Sociedade Vegana. Ponto para os pitagóricos.

Esses famosos veganos modernos têm três características em comum. A primeira é que sua fala sobre o veganismo, diferentemente da de seus predecessores, é alegre, positiva. Eles mostram ao grande público que a vida de um vegano não se resume a uma constante crise existencial provocada pela matança animal. Em vez de protestar raivosamente, de empunhar cartazes ou de invadir criadouros de doninhas para libertar os "cativos", eles postam fotos fofas abraçando um porquinho ou comendo um hambúrguer de castanhas.

A segunda característica comum a essa geração de veganos é ser *descolada* mesmo sem consumir produtos de origem animal. Eles são a prova de que não são só uns tipos eremitas que têm lugar no movimento vegano e de que um modo de vida alternativo pode conviver muito bem com as tendências da moda, da música pop, da indústria cinematográfica e também com os padrões de beleza.

A terceira característica que conecta os novos veganos é sua presença ativa nas plataformas de mídia social. As celebridades veganas que mencionei são apenas algumas entre as muitas que seguem uma dieta sem produtos animais, mas aquelas sete sozinhas totalizavam, no momento da escrita deste livro, 564 milhões de seguidores somente no Instagram. Não estou contando outras redes sociais, como Twitter, Facebook, Snapchat, YouTube ou LinkedIn; isso porque, em minha opinião, o Instagram foi a plataforma mais determinante para a Revolução da Proteína, por ser a mais visual delas.

O Instagram é sobre fotos: instantâneos de uma realidade perfeita, imagens da vida que o usuário gostaria de viver se não estivesse tão ocupado alimentando o *feed*.

Mas o Instagram também — e principalmente, talvez — é sobre a descrição das fotos: uma ou duas frases para complementar a imagem, seguidas de termos-chave para facilitar sua classificação na ferramenta de busca da plataforma, para que, quando outras pessoas digitarem esse termo no campo de busca, todas as fotos assim classificadas sejam mostradas.

Os veganos são extraordinariamente ativos nas redes sociais, e é graças ao Instagram que centenas, se não milhares, de indivíduos foram convertidos.

Gostosos demais, veganos idem

Fato: fotos de refeições vegetarianas em cores vivas exercem um poder de atração irresistível sobre veganos e carnistas no Instagram. As cenouras que eram motivo de queixa por parte da minha mãe ressurgiram num laranja vibrante, e mesmo o tofu para o qual ela torcia o nariz tem hoje uma aparência deliciosa (principalmente quando comparado ao cinza-avermelhado de um rosbife).

As *hashtags* que os usuários veganos do Instagram colocam sob as fotos tornam a plataforma gratuita uma ferramenta de relações públicas extremamente efetiva, por meio da qual desfazem sem alarde os preconceitos que foram alimentados por décadas contra sua filosofia e modo de vida. Sob cada foto de um lindo prato, encontra-se uma mensagem política: a imagem de um *smoothie* fúcsia de coco se faz acompanhar de termos como #veganospelosanimais, #veganospelasaúde, #veganospeloplaneta; um *bowl* vegetariano, de #verdeésaúde, #crueldadezero e #movimentovegano. Nas entrelinhas dessas mensagens há outras sobre justiça, empatia, compaixão e certo e errado.

Mensagens similares podem ser encontradas também em fotos que não são de comida, mas trazem veganos em destaque. Na maioria, são homens e mulheres sarados, bronzeados e felizes — que não combinam em nada com o estereótipo dos tempos em que minha mãe tentava seguir uma dieta plant-based. Ao contrário dos indivíduos pálidos, antiquados e enervados do passado, os veganos da atualidade são um colírio para os olhos.

Veja o rato de academia @badassvegan, que numa foto mostra seus bíceps definidos e na seguinte aparece ao lado de um bode; ou a adorável @deliciouslyella, que nos apresenta seu dia a dia através de refeições vegetarianas e fotos dela, do marido (também adorável) e dos cachorrinhos (mais adoráveis ainda). Tem também o fisiculturista rastafári Torre Washington, vegano desde criança, e seu tanquinho; ou a blogueira Cath Kendall com seu bumbum esculpido e, segundo ela, completamente vegano; além deles, há incontáveis veganos no Instagram que marcam suas fotos com *hashtags* como #simplesmentevegano, #ofuturoévegano, #veganosnoInstagram, #podervegano ou #élegalsergentil.

Diferentemente dos seguidores do carnismo, os veganos, por serem membros de uma contracultura, precisam promover uma pauta política. Enquanto comedores de carne são, em sua maioria, inconscientes de que sua dieta e seu modo de vida compõem um sistema de convicções, com premissas relacionadas (comer carne é natural, necessário e normal), e por isso não sentem a necessidade de promover essas convicções nas mídias sociais, os veganos entendem o próprio modo de vida como a expressão de uma convicção fundamentalmente diversa e pretendem manifestar suas ideias contrárias (comer carne não é natural nem necessário e deveria ser considerado anormal) em todos os meios possíveis — entre os quais aparentemente o Instagram se apresenta como o mais eficiente.

Cada vez mais usuários imitam esses veganos, preparando refeições em casa, postando fotos delas, marcando com as mesmas *hashtags*, e não necessariamente porque sejam adeptos da ideologia vegana, mas porque querem ser tão populares e malhados e lindos e felizes quanto eles.

A antropóloga Rivke Jaffe conduziu um estudo sobre consumo verde e sustentável no século XXI com ênfase na tendência crescente do veganismo. À época do trabalho, por volta de 2014, a adesão ao veganismo foi considerada "uma escolha relacionada mais a um estilo de vida do que a um ideal", o que marcava uma enorme diferença para as décadas anteriores e ainda oferecia uma explicação adicional para o sucesso do movimento vegano no pós-industrial em comparação aos fracassos do passado. "Nos anos 1970, 1980 e 1990, o veganismo se caracterizava por ser de esquerda e contestador", afirma Jaffe. "Ideias anticapitalistas se traduziam numa dieta plant-based, porém isso mudou: as pessoas passaram a seguir uma dieta vegana porque era um comportamento da moda, ou porque era saudável." Em seu estudo, Jaffe dá o nome de "ecochique" a essa atitude de promover um consumo ético e ecologicamente consciente enquanto se curte a vida.

Quaisquer que fossem as motivações que impulsionavam os novos veganos, o fato é que as *hashtags* criadas por eles expuseram aos usuários seus estilos de vida e de alimentação e geraram conexões com outros membros do movimento vegano. Eles acessaram, on-line, indivíduos com quem tinham "algo" em comum, fosse um interesse alimentar, um desejo de se apresentar de determinado jeito ou a meta de um corpo com curvas trabalhadas. A partir dessa identificação social, passaram a conhecer melhor outros veganos que faziam parte do grupo e a saber mais sobre a ideologia por trás do movimento. Até que um dia olharam para seu passado carnista e já não puderam conceber uma vida segundo aqueles princípios ideológicos obsoletos.

Siga o fluxo, veganize-se

Começou com meia dúzia de *influencers* veganos que conquistaram milhares de seguidores, e no fim as massas descobriram que #élegalsergentil. A ascensão do veganismo seguiu o padrão de qualquer grande processo de transformação social e econômica, em que os indivíduos podem ser divididos em três grupos: os vanguardistas (também chamados de pioneiros); os apoiadores; e os retardatários.

Num primeiro momento, os vanguardistas de uma contracultura não são levados muito a sério pela cultura dominante: motivo de piada quando promovem suas ideias inovadoras, eles são tachados de ingênuos, estranhos e até perigosos. Isso, claro, porque sua visão de mundo se opõe ao *status quo* e, sendo assim, é considerada uma ameaça pela maior parte dos integrantes da ideologia dominante.

Uma famosa história que ilustra bem a ameaça que podem representar os vanguardistas é a de Galileu Galilei, pai da astronomia moderna. Sua convicção de que o Sol, e não a Terra, era o centro do Sistema Solar, lhe rendeu acusações por heresia — num tempo em que se indispor com a Igreja Católica podia custar a vida, literalmente. Isso porque sua visão negava uma verdade consensual, isto é, que a Terra, e por consequência o homem, era o centro do Universo. Em 1633, aos 69 anos, Galileu, após julgado, foi obrigado a renunciar à sua convicção a fim de evitar a pena de morte, porém ainda teve a liberdade de ir e vir tolhida, já que foi condenado à prisão domiciliar. Sua redenção só veio em 1922, quando o papa João Paulo II, em nome da Igreja Católica, anunciou que Galileu sempre teve razão.

Não é sempre que os vanguardistas têm um final trágico, contudo. De fato, para difundir sua ideia, normalmente lhes basta atrair um grupo pequeno de seguidores. Em 2011, pesquisadores do Rensselaer Polytechnic Institute chegaram à conclusão de que é possível substituir rapidamente a crença predominante em um grupo se 10% de seus integrantes forem totalmente convencidos de uma ideia diferente. Aliás, segundo os pesquisadores, uma porcentagem de 3% bastaria: se 3% dos membros de um grupo se convencerem inteiramente de uma ideia e passarem a difundi-la, "essa ideia vai se alastrar como fogo no palheiro".

Um vanguardista a cada dez (ou até menos): é o suficiente para que uma nova ideia política, religiosa ou de qualquer tipo seja aceita. A razão de haver esse ponto de virada na formação de opinião se deve ao fato de que as pessoas não gostam de defender uma opinião impopular; seres humanos somos criaturas sociais e, por mais que gostemos de ter razão, gostamos muito mais de ter amigos. Quando um pequeno grupo de indivíduos passa a agir como se a defesa de uma nova ideia fosse mais importante do que as reações de deboche que ela provoca, e se esse grupo se expande para perfazer 10% da população, haverá um ponto de virada em que sua opinião passará a ser considerada *moderna*, e a partir daí os seguidores virão aos montes.

Galileu Galilei tinha seguidores e companheiros que também eram vanguardistas, claro, mas que não tiveram a relevância necessária para alcançar o ponto de virada, nem tampouco o poder ou a coragem de ajudá-lo.

À época do estudo de Rivke Jaffe sobre os veganos e outros consumidores "verdes", este novo conceito já havia atraído um número considerável de apoiadores. Jaffe os chama de "eco-yuppies", enquanto "apoiadores" é o nome dado por outros pesquisadores. Apoiadores são indivíduos que, embora se empolguem com a ideia de mudança e de inovação, não se sentem completamente motivados para ou não podem dar os primeiros passos no sentido dessa transformação. Eles desejam integrar o clube exclusivo dos vanguardistas, porém, ao mesmo tempo, para mudar efetivamente de ideia ou de comportamento, precisam da garantia de que o risco de tal mudança é pequeno — a inovação precisa ser, por exemplo, aceita socialmente (pois não querem ser considerados irracionais), ou precisa ser vantajosa no aspecto financeiro ou qualquer outro, enquanto um novo hábito culinário precisa ser tão prazeroso e saudável quanto o antigo (apoiadores não querem abrir mão de seu bem-estar ou conforto). No caso do movimento vegano, os apoiadores observaram à distância para comprovar se seus ícones manteriam a boa forma, a beleza e a popularidade após a transição para o veganismo e só depois de tirarem a prova eles ousariam experimentar. Outro grupo de apoiadores — as corporações — percebeu que o veganismo estava se tornando um negócio lucrativo e passou a copiar a estética, os slogans e as *hashtags* usadas pelos vanguardistas, a fim de satisfazer certas demandas desse modo de vida e assim aumentar a popularidade de suas marcas.

Por último no processo de transformação social, vêm os retardatários, os indivíduos que não gostam de mudança, que têm medo dela ou que a consideram inconveniente e que assim preferem o *status quo*. Em sua maioria, os retardatários regurgitam as ideias convencionais e só se fazem ouvir quando se sentem ameaçados. Fazer-se ouvir aqui pode significar cobrar que os vanguardistas sejam punidos, isto é, multados, censurados ou até excluídos da sociedade (exilados ou confinados, como Galileu), e, caso a punição não seja uma alternativa (porque os vanguardistas já acumularam grande influência em decorrência de sua popularidade, ou porque estão protegidos pela lei), a alternativa é debochar, apontar o dedo.

Foi exatamente o que os retardatários fizeram com os veganos ao longo do século XXI, isto é, até o momento em que, reabrindo os olhos após enxugar as lágrimas de tanto rir, descobriram que estavam sozinhos, pois os comedores de animais que faziam coro com eles tinham sumido. Os supermercados estavam cheios de produtos veganos, restaurantes veganos e roupas e calçados sem matéria-prima de origem animal fervilhavam, e, após a Revolução da Proteína, os retardatários se deram conta, chocados, de que não eram mais os veganos, mas eles próprios, os párias. A ideia se espalhou, eles perderam a chance de fazer dinheiro, perderam o bonde e terminaram excluídos. A subcultura ganhou status de cultura; a contracultura, de *mainstream*.

4
Girafas para os ricos, legumes para os pobres, leite para todos

Duas garfadas e meu ex-marido empurrou o prato, com uma careta: assim foi a minha primeira tentativa de panqueca vegana no café da manhã.

"Coloca mais mel", insisti, "vai ficar gostoso." Não adiantou, ele continuou cobrindo a boca com a mão e cuspindo a comida.

Eu não parei de mastigar. Café da manhã com panquecas era a nossa tradição de sábado, e não foi minha intenção sabotar o ritual romântico ao substituir os ovos e o leite de vaca por alternativas vegetais. Ele estava exagerando, pensei. Eu só precisava fazer alguns ajustes para encontrar a proporção perfeita de bicarbonato de sódio, farinha e leite de amêndoa, ou então trabalhar o aspecto visual, já que elas ficaram um tanto pálidas e farelentas. "Farinha de castanha funciona melhor do que farinha comum", sugeri. "Ficaria uma delícia com requeijão de soja e mirtilos!" Meu marido apenas começou a fazer um sanduíche, sem dizer nada. Dei outra mordida nas minhas panquecas, que tinham um gosto... estranho. Algo que lembrava detergente e azeite de oliva, para ser exata.

Pouco depois, me dei o direito de fazer uma segunda panqueca, uma terceira e, mesmo topando com percalços culinários, fazia questão de assumir uma expressão satisfeita e soltar exclamações positivas — queria provar de qualquer jeito à minha cara-metade que eliminar o leite das receitas era uma boa ideia, não só porque beneficiava os animais e o meio ambiente, mas também porque era fácil e atrativo em termos culinários. De fato, era o que eu vinha dizendo para ele havia semanas: iríamos continuar comendo tudo que nos apetecia, mas sem culpa agora.

No entanto, naquela manhã, meu estômago não acompanhou a minha motivação: mais da metade das panquecas que preparei encontraram o caminho do lixo. Estavam intragáveis, basicamente.

Na mesma tarde, contei sobre o fiasco da panqueca para uma amiga americana que já era vegana fazia muito mais tempo. Em vez de rir da minha cara, como eu esperava que fizesse, ela me escutou com um semblante bem sério. "Panquecas veganas são muito difíceis de fazer", falou quando terminei de contar a história. "Todas as minhas tentativas foram desastrosas, eu simplesmente desisti. Talvez vocês pudessem tentar um ritual de *brunch* diferente. Já comeu tofu mexido? É *sen-sa-cio-nal*."

Só que eu não queria comer tofu no café da manhã. Eu queria panqueca.

Em outras palavras, queria continuar vivendo a vida que vinha vivendo até aquele ponto, e isso incluía panquecas nas manhãs de sábado. Não queria abrir mão da minha coroa de rainha da cozinha; me recusava a não conseguir fazer algo tão simples quanto panqueca. Meu companheiro sempre adorou a minha culinária intuitiva, como ele chamava — diferentemente dele, eu quase nunca usava livros de receita, apenas a sensibilidade e quaisquer ingredientes que encontrasse na despensa. E dava certo: ele amava as lasanhas vegetarianas; salivava pelo *spaghetti puttanesca* com molho de tomate, azeitona, alcaparra e anchova, assim como pelos bolos e pães caseiros.

Entretanto agora não tinha nenhum apetite pelas minhas panquecas, uma receita que até uma criança conseguia fazer, mas eu não.

Reaprendendo a cozinhar

"Confia em mim, a culinária vegana não é mais difícil do que a tradicional que usa carne e leite", me garantiu o chef britânico Derek Sarno. Eu tinha contado por telefone das minhas tentativas fracassadas, e ele fez questão de me acalmar. "É sobre aprender a cozinhar de um jeito diferente, então no começo talvez seja uma boa ideia seguir receitas. Sua intuição já não serve. Se você não vai mais usar ovos para dar liga, precisa aprender a combinar certos ingredientes. Se não vai encher o prato de queijo, precisa entender o que dá profundidade à comida. Isso leva tempo."

Depois que passa por essa fase, no entanto, você descobre algo especial. Derek me disse que nunca na vida tinha comido preparos tão deliciosos desde que dominara a culinária vegana — nem ele nem seus comensais.

Não duvidei nem por um instante. Ele comentou com tanta propriedade dos suculentos hambúrgueres de beterraba, das aeradas panquecas de coco, do apimentado *chili sin carne* e das tábuas de queijos de castanhas acompanhados de *chutney* de ameixa que tive certa dificuldade para me concentrar nas perguntas que havia preparado para o livro. Só conseguia pensar: "Vou querer o mesmo que ele".

Carne de girafa

Durante minhas primeiras semanas como vegana, em que explorei diligentemente aplicativos e livros de receita, não pude deixar de pensar muitas vezes nas gerações de cozinheiros amadores que me precederam. O passado está cheio de indivíduos que precisaram ou pretenderam usar ingredientes desconhecidos em suas receitas e que, com certeza, fizeram alguns companheiros humanos regurgitar. Os itens que fazem parte, ou não fazem parte, da nossa dieta mudam constantemente.

Na época do Império Romano, por exemplo, as elites se refestelavam com a carne de animais exóticos tais como girafa e avestruz, que foram levados para Roma especificamente para serem degustados nas arenas da cidade durante os combates entre escravizados e feras. Os enormes pedaços de carne assada eram saboreados à tarde, após um frugal café da manhã composto de azeitonas e pão. Já um livro de receitas da Idade Média conteria preparos com coxa de camelo, carne de urso ao molho, ou sopa de flamingo; também haveria uma receita de patê de fígado de ganso, feito de gansos alimentados à força com figos, para terem o fígado engordado.[17]

A população mais pobre não comia esses pratos exóticos, muito em decorrência da difusão do cristianismo pela Europa no início do período medieval e do aumento do poder da Igreja. Também tinha o fato de a carne não ser o alimento mais benquisto no cristianismo (Adão e Eva sendo vegetarianos e tal). Durante a Idade Média, o calendário católico tinha de 140 a 160 dias de jejum em que era proibido comer carne, e em muitos monastérios essa proibição era permanente (aves e peixes eram permitidos), a não ser no caso de alguém muito debilitado, pois se acreditava que alimentar-se de um animal forte deixaria a pessoa também forte.

Um livro de receitas publicado em 1612 por Peter Scholier recomenda o preparo de refeições nutritivas sem carne nem peixe, pois assim ficariam "mais saborosas, mais atrativas e muito mais saudáveis do que aquele monte de carne ou aquele peixe oleoso".

Portanto, durante a maior parte da história da humanidade, os pobres e os crentes encheram o bucho com pão de centeio, cereais, frutos, raízes, cebolas e outros legumes. Frutas e verduras costumavam ser consumidas mais com fins medicinais do que de sustento, na forma de purê ou misturadas em poções. De acordo com a teoria dos temperamentos, que se manteve popular por muito tempo após a Idade Média, frutas e verduras eram alimentos a ser evitados pois continham propriedades que os médicos e sábios consideravam nocivas para o corpo humano.

Lebre-de-telhado

Nos séculos antes de 1500, a carne também não fazia parte da alimentação mais geral, mas não por uma proibição da Igreja, e sim porque, na era pré-industrial, era cara demais para a maioria da população, de modo que 80% das pessoas se alimentavam de pão, cereais moídos e legumes.

Estatísticas históricas demonstram uma forte correlação entre carne e prosperidade. Por exemplo, em 1810, a província de Brabante do Norte era a mais pobre da Holanda e também aquela com menor consumo de carne por pessoa, por volta de 25 quilos ao ano. Na Bélgica, à medida que a miséria se espalhou pelas cidades na primeira metade do século XIX, o consumo de carne decaiu 22% na Antuérpia e 60% em Gante. As classes pobre e operária quase nunca ingeriam carne, cenário que só mudou com a prosperidade dos Países Baixos. O holandês médio consumia anualmente 27 quilos de carne em 1850; já em 1930, essa quantia aumentou para 50 quilos. Embora os graves desabastecimentos durante a Segunda Guerra Mundial tenham provocado uma acentuada queda nesse montante (durante o conflito, os holandeses se viram obrigados a comer desde bulbo de tulipa, beterraba-sacarina, cinorródio, até *dakhazen*, ou lebre-de-telhado, outro nome para gato), nos anos 1970 ele já era de 85 quilos de carne ao ano por pessoa. E se manteve estável até a Revolução da Proteína, no século XXI, a não ser por uma ligeira queda na década de 1990, causada por diversos surtos de doenças transmitidas pela carne.

A mania do leite

Nos anos subsequentes à Segunda Guerra Mundial, não foi apenas o consumo de carne que voltou a crescer: o leite também se tornou popular. O Fórum Holandês do Leite, criado pela indústria leiteira em 1950, começou a produzir campanhas publicitárias bastante efetivas para promover o leite, queijos e manteiga; a primeira dessas campanhas que alavancaram o setor data de 1958.[18] Esse tipo de ação foi importante para a economia holandesa em seu duro processo de implementação de um Estado de bem-estar social nos anos seguintes à guerra. Também foi importante para os produtores de leite, pois a produção em massa propiciada pela subvenção estatal vinha esbarrando no fato de que a população holandesa não consumia leite o suficiente. Assim, havia um excedente, uma "represa de leite". O Fórum do Leite então incumbiu a uma agência de publicidade a tarefa de popularizar o leite transformando-o numa bebida "moderna e distinta aos olhos tanto do velho quanto (e especialmente) do jovem consumidor", mas o alvo principal da campanha era mesmo o público infantil.

E assim foi: no mesmo ano, cada jornal do país exibia uma peça de propaganda em que as maiores celebridades da época anunciavam a Brigada dos Pioneiros do Leite. As crianças que bebessem um copo extra de leite pela manhã ganhavam o direito de ingressar na brigada e, além de um distintivo, eram recompensadas com acesso livre a atrações como parques temáticos e zoológicos. A campanha foi um sucesso absoluto: em menos de seis meses, 320 mil crianças se tornaram membros da brigada, e esse montante chegaria a meio milhão ao longo do tempo.

Alguns anos mais tarde, o Fórum Holandês do Leite promoveria uma nova campanha, desta vez na televisão, em que um desenho animado chamado Joris Driepinter (Joãozinho Trescopinhos) incentivava os jovens a beber três copos de leite por dia para ficarem fortes e saudáveis. Ele aparecia no intervalo das 7 da noite, momento em que seu público-alvo, crianças de 6 a 13 anos, estava de pijama em frente à tv.

Era tudo uma grande invenção de Joris, mas as crianças não tinham como saber disso, claro, nem os pais. As alegações do Fórum do Leite nunca foram comprovadas, e algumas foram até mesmo desmistificadas, como a que argumentava que as pessoas (particularmente as jovens) precisavam tomar leite para suprir as necessidades de cálcio.

Um artigo de 2018 publicado no *DokterDokter*, um popular site holandês sobre saúde pública, afirma que, "embora o leite contenha bastante cálcio, não é necessário inseri-lo na alimentação para satisfazer a demanda de cálcio. É mais recomendado obtê-lo de fontes como verduras, leguminosas, aveia (sem glúten), gergelim, amêndoas, semente de chia e de linhaça, quinoa, peixe e brócolis", e complementava: "há estudos que mostram que, ao contrário, o leite prejudica os ossos".

Estudos similares foram publicados já nas décadas de 1950 e 1960, porém o Fórum do Leite os ignorou e lançou as campanhas "Leite: o combustível branco" e "Leite: bom para todos", as quais traziam cantores populares da época e eram veiculadas em festivais de música e em materiais publicitários voltados explicitamente para as crianças. Tais campanhas se provaram lucrativas para a indústria do leite: segundo um relatório do setor publicado em 2014, era um dos "maiores e mais importantes setores agropecuários da Holanda", com um "modelo de negócio robusto e de abrangência internacional", historicamente caracterizado por uma "alta eficácia de processamento, ocupando cada vez menos unidades físicas".[19] Em outras palavras: a eficiência na produção do leite só aumentava.

Mais vacas, mais leite: menos fábricas, menos fazendas

Embora o consumo de leite e derivados tenha crescido exponencialmente, a quantidade de fazendas leiteiras vem diminuindo. Produtores artesanais foram dizimados na competição com os gigantes, subsidiados pelo governo.

Entre 1980 e 2016, o número de empreendimentos de gado leiteiro foi de 50 mil para 18 mil, o que significa que, em média, 4 pequenos produtores de leite venderam suas vacas para grandes companhias a cada dia. Como consequência, houve um aumento na escala operacional e na produção intensiva do setor: a quantidade de vacas leiteiras por empreendimento foi de 38, em 1980, para 97, em 2016. Considerando apenas os 100 maiores produtores, a média em 2017 era de 500 vacas, sendo que dez anos antes essa quantia era de 288. Por outro lado, em comparação a suas predecessoras, as vacas da nova geração passaram a ter à disposição uma área muito menor de terra, como mostra um relatório do Instituto

Central de Estatística holandês, segundo o qual, entre 2007 e 2017, o número de vacas leiteiras por hectare cresceu de 1,6 para 2,3.

A transformação no setor significou uma mudança das próprias vacas, que foram procriadas com a finalidade de produzir mais leite em menos tempo; assim, as vacas que geravam mais leite eram acasaladas e davam à luz bezerros com tetas cada vez maiores, enquanto as demais eram descartadas. Com isso, a diversidade de raças despencou na Holanda: em 2018, 99% do rebanho bovino no país consistia de holstein-frísia, uma raça americana conhecida por sua aptidão leiteira; ela é dominante também em outros países europeus, no Reino Unido e nos Estados Unidos. Outras raças, como frísia-holandesa, lakenvelder e blaarkop, quase não são encontradas e seu risco de extinção já foi oficialmente declarado.

Certa vez, passei uma tarde na fazenda de um dos raros produtores holandeses de queijo que criam gado da raça jersey: animais de pelagem marrom-clara, relativamente pequenos, com olhos castanhos, que se locomoviam preguiçosamente em fila das pastagens para o galpão de ordenha. O fazendeiro as afagava enquanto conectava a ordenhadeira em suas tetas, apontando quais delas tinham acabado de ter bezerros e quais seriam em breve inseminadas com esperma dos machos. Conforme desinfetava as tetas com um pano, ele me explicou sua preferência pelas vacas da raça jersey às da holstein-frísia: as primeiras não só adoeciam com menos frequência do que as "consanguíneas" holsteins, geradas por endocruzamento, como também eram mais "eficientes", no sentido de que geravam um leite rico em caseína — a proteína que possibilita a transformação do leite em queijo —, com uma alimentação relativamente reduzida. O fazendeiro fitava ternamente suas vacas jersey e dizia: "Nunca vou ordenhar nenhuma outra vaca".

Atletas de elite grávidas

Uma ideia não tão boa, segundo um premiado artigo de 2017 que compara o rendimento econômico de jerseys e holsteins e cuja conclusão não favorece as primeiras. "Criar jerseys em uma produção normal de leite não é mais rentável", declara o autor, embora ressalve que a raça "poderia ser uma boa opção financeira para tirar o melhor proveito de um celeiro antigo, com leitos de ordenha estreitos", ou então para atrair consumidores de nicho ("estas vacas menores conferem ao negócio uma proposta única de valor e distinguem o fazendeiro daqueles que criam a 'vaca comum', a holstein"). Contudo, restava saber se se aventurar em um nicho de mercado seria vantajoso para um produtor de leite médio. "Subtraindo da receita todos os gastos, com holsteins, sobram 3.274 euros, ao passo que, com jerseys, apenas 2.984 euros. Chegamos à conclusão de que holsteins são mais rentáveis do que jerseys."

Além disso, as holsteins se tornaram crescentemente lucrativas com o tempo, na medida em que passaram a dar muito mais leite do que 100 anos atrás. Em 1910, uma única vaca produzia por volta de 660 galões anualmente; um século depois, essa quantia passou para mais de 2.100 galões. O sucesso dos fazendeiros holandeses se deveu a um processo de procriação orientado, com o uso de técnicas de ordenha inéditas, de rações enriquecidas com proteína, como cereais, soja e farinha de peixe, além de inseminação artificial.

Explico. Para que sua produção de leite seja a maior possível, uma vaca leiteira deve estar constantemente grávida, já que só dá leite quando está gestando ou acabou de dar à luz — como qualquer outro animal, incluindo o ser humano. Por isso, a maioria delas sofre inseminação artificial a cada ano. A vaca é ordenhada durante quase todo o período de gravidez, e o bezerro é separado da mãe assim que nasce, para que o leite seja usado exclusivamente para consumo humano. Em condições normais, um bezerro mamaria na mãe por 6 a 12 meses; já na exploração pecuária, é alimentado com fórmula ou leite em pó até ser abatido (isso no caso de bezerros machos, que, como expliquei anteriormente, são considerados produto de descarte na indústria leiteira, assim como os pintos machos na indústria de ovos) ou vendido a outro fazendeiro. Se for uma bezerra que será criada para dar leite, será forçada a comer ração sólida após cinco semanas de vida. Três meses depois de dar à luz, a vaca é inseminada novamente, e o ciclo recomeça.

Esse processo é extremamente rentável para os produtores de leite e, consequentemente, é vantajoso para a indústria, porém não é nada vantajoso para as vacas. Em seu livro *Understanding the Dairy Cow*, o acadêmico John Webster afirma que o esforço de uma vaca leiteira equivale ao que uma mulher despenderia para correr durante seis horas diariamente, e grávida ainda por cima. Não admira que essas atletas de elite prenhes adoeçam com tanta frequência: a elevada taxa de produção das vacas leiteiras provoca todo tipo de moléstia, principalmente inflamação dos cascos e das mamas e desequilíbrios de fertilidade. Diante disso, antibióticos e outros medicamentos são ministrados para garantir que elas estejam sempre prontas para o próximo ciclo de gestação e lactação. Durante a vida, uma vaca passa por esse ciclo aproximadamente cinco vezes e, quando a produção de leite esmorece, é abatida. A expectativa de vida natural de uma vaca é de 18 a 20 anos, podendo chegar a 25, ao passo que uma vaca leiteira vive em média apenas 5 a 6 anos.

Assim que desembarquei do trem em Amsterdã após a visita à fazenda de produção de queijo, meu olhar foi atraído para um enorme outdoor no qual se viam, em um campo verdejante, duas embalagens de leite vegano, de soja e de amêndoa, com os seguintes dizeres: "Vegetais são as vacas do futuro". Era uma propaganda da marca de margarina Becel, que se tornou completamente vegetariana em 2019. Segundo um porta-voz, o conselho da empresa tomou essa decisão por ser a melhor para as pessoas e para o planeta, mas também por ser "a mais rentável economicamente", como um dia foram as vacas leiteiras.

A desgraça da cozinheira

A história da ascensão do leite de vaca na Holanda é um exemplo claro de que nossas preferências alimentícias são determinadas mais pela propaganda e por noções popularizadas sobre o que é bom e saudável do que por nossas próprias ideias ou necessidades.

A pesquisa no ramo do marketing indica que a popularização ou não de um produto promovido por uma empresa ou pelo governo depende de diversos fatores.

O sabor é um deles: se os holandeses tivessem sentido pelo gosto do leite de vaca a mesma ojeriza que meu marido sentiu por minhas primeiras panquecas veganas, o empreendimento da indústria do leite teria sido desastroso.

O preço é outro fator de grande importância. Antes da Revolução Industrial, a carne era cara demais para a maioria das famílias, de modo que, embora o gosto não fosse um problema, seu consumo era raríssimo. Já o leite, o iogurte e o queijo holandeses sempre foram comercializados a preços relativamente baixos graças aos subsídios governamentais, o que ajudou a popularizá-los.

Mais um fator que determina o sucesso de um produto alimentício é a facilidade ou a dificuldade de consumi-lo ou prepará-lo. Pense em certos vegetais que foram "esquecidos" com o tempo: até a Primeira Guerra Mundial, o cercefi era muito consumido; por mais que ele fosse difícil de limpar e preparar, com suas raízes resistentes e viscosas — não à toa, na Holanda é conhecido como "a desgraça da cozinheira" —, as donas de casa da primeira metade do século XX simplesmente não tinham à disposição supermercados com prateleiras repletas de legumes menos complicados.

Por fim, a popularidade de um produto depende do interesse e da divulgação que ele gera. Descoberto na América do Sul pelos colonizadores europeus do século XVI, o sensual tomate logo se tornou o ingrediente queridinho das cozinhas mundo afora. A fruta era linda, atraente, o sabor era agradável, e havia algo de exótico nela — um ingrediente que levantava qualquer refeição! Já a não tão sedutora couve-kale precisou de um pouco mais de incentivo para arrebatar corações. Na Holanda, essa verdura de sabor levemente amargo só era usada no *stamppot stew*, um prato que se come no jantar, no qual é misturada a um purê rústico de batatas, ao passo que nos Estados Unidos quase ninguém a conhecia. Isso até Oberon Sinclair, sócia da agência de publicidade My Young Auntie, ser contratada pela Associação Kale dos Estados Unidos para fazer da couve-kale uma mania, no que foi muito bem-sucedida.

Kale na vanguarda

Sinclair mobilizou sua extensa rede de amigos chefs, críticos gastronômicos e *food stylists* para que a couve-kale passasse a ser uma presença marcante nos cardápios dos restaurantes mais descolados e nos artigos das revistas e jornais mais influentes de Nova York.[20] Essa gênia da publicidade também planejou uma campanha de marketing de guerrilha para que o anúncio "Servimos couve-kale" ficasse exposto na lousa de cada restaurante. Ela ainda criou slogans para sacolas e camisetas (tais como "*kale(ing) me softly*" e "Rainha das verdinhas") que logo foram adotados pelos estilistas mais antenados, e em 2017 a Beyoncé foi fotografada com uma camiseta na qual se lia KALE. Nesse mesmo ano, 262 bebês nascidos

nos Estados Unidos foram batizados de Kale, o McDonald's usou couve-
-kale como ingrediente principal em uma salada, e salgadinhos de kale
fervilharam nos supermercados.

A fama pode ser forçada.

Seguidores do Instagram podem ser comprados. Se pagar a quantia
certa, você pode ser entrevistado como "especialista" para um documentário; se for muito rico e muito cara de pau, pode contratar uma produtora para transmitir sua vida na TV.

A Associação Kale dos Estados Unidos deu o golpe publicitário perfeito para tornar famosa e desejável a até então desconhecida verdura.
Outra companhia fez a mesma coisa com os *poke bowls* (aliás, com todos
os *bowls*, cujo nome bem poderia ser "cumbuca com vários vegetais e proteínas lado a lado", mas o qual não daria uma boa *hashtag*), e outras ainda
com o açaí, com o arroz de couve-flor, com a chia. Foi o que a indústria do
leite holandesa fez com o leite. Todas respeitaram os seguintes critérios:[21]

1. Interesse: pode ser criado.
2. Sabor: de neutro para delicioso, nunca repulsivo.
3. Preço: baixo o bastante para ser acessível a diversas faixas de consumidores, alto o suficiente para conferir certo prestígio.
4. Facilidade de obter e de preparar: imprescindível.
5. Atratividade: 100% instagramável.

Você não come aquilo que deseja. Você deseja aquilo que é oferecido
numa roupagem atrativa.

Em rota de colisão com as autoridades

Nenhuma empresa se dá ao trabalho de inventar uma nova febre alimentar para perder dinheiro, óbvio, mas há aquelas que têm objetivos que
vão muito além do lucro.

Pat Brown, professor de Bioquímica na Universidade Stanford, era
conhecido por sua devoção e também pelas encrencas que arrumava.
Com frequência, ele confrontava as autoridades, a ponto de, ao longo de
sua trajetória acadêmica, causar um grande abalo no equilíbrio de poder
do meio científico. Nos anos 1990, Brown lançou luz sobre o fato de que
os pesquisadores cada vez mais publicavam seus artigos em periódicos

privados, disponíveis apenas a quem pagasse. Isso o desagradava, pois, em primeiro lugar, tornava o conhecimento acadêmico caro demais (e portanto inacessível) para cientistas menos afortunados e, em segundo lugar, porque as descobertas de estudos financiados com dinheiro público estavam sendo veiculadas apenas em publicações comerciais. Então, ele e alguns colegas deram início a um projeto chamado Open Access, que continha, entre outros, uma biblioteca digital de publicações científicas gratuitas para todos os pesquisadores. A façanha rendeu a Pat muitos inimigos, mas também muito reconhecimento. Em 2002, foi indicado para a Academia Nacional de Ciências dos Estados Unidos (NAS, na sigla em inglês), uma grande honraria em sua área, já que somente os melhores pesquisadores são aceitos, os quais atuam como conselheiros do governo norte-americano em assuntos de pesquisa, engenharia e saúde.

Chocante

Nem todos os conselhos de Pat Brown foram acolhidos, no entanto. Nos primeiros anos como membro da NAS, sua principal preocupação era a iminente crise climática, e uma conclusão científica bastante disseminada entre seus colegas era a seguinte: o uso de produtos à base de carne e leite animal para alimentação humana gerava mais emissões de gases de efeito estufa do que a somatória de todos os aviões, carros, barcos, trens e caminhões do mundo. A pecuária intensiva usava e poluía mais água do que qualquer tecnologia, e a indústria de exploração animal ocupava quase metade das terras agrícolas do planeta, fosse para pastagem, fosse para o cultivo de soja, cereais e outras culturas usadas para alimentação dos animais. Se a população global continuasse a crescer e a querer consumir proteína animal, as terras agrícolas não demorariam a se extinguir (naquele tempo, um quinto delas havia sido exaurido pelo excesso de pastio). Brown ficou chocado com essas descobertas, mas não tanto quanto ao constatar o pouco que se fazia para combater tal cenário.

Era 2011. Fazia quase 40 anos que Brown atuava em sua área e dez que compunha a cúpula científica do país; já se aproximando dos 60, seu tempo (e sua paciência) estava começando a se esgotar. Por isso, ele tomou a decisão de dedicar a última etapa da carreira a "algo" que combatesse a mudança climática. Só compreendeu o que seria esse "algo" após um período sabático de 18 meses: o que o mundo necessitava era de uma nova tendência alimentar que fosse ecossustentável, e, já que ninguém iria criá-la, ele mesmo meteria a mão na massa. Brown juntou uma grana e chamou uma equipe de cientistas para trabalhar a seu lado, e, em 2016, um restaurante da moda em Manhattan serviu o primeiríssimo Impossible Burger, um hambúrguer sem carne que "sangrava" como um filé.

A carne impossível

O ingrediente secreto do hambúrguer de Pat Brown é a heme, um íon de ferro que se liga ao pigmento porfirina e gera um sabor que lembra o de sangue. As moléculas de heme estão presentes em todos os seres vivos, e as utilizadas pela equipe de Brown foram extraídas da raiz da soja e de leveduras.[22] O jornalista Ezra Klein adjetivou de "revolucionária" a descoberta do hambúrguer, e um dos blogueiros culinários mais influentes do mundo, um não vegetariano, considerou "impressionante" o sabor do substituto à base de vegetais.

Um fantástico reconhecimento para Brown, menos impressionante apenas do que a decisão do chef David Chang de servir o hambúrguer em seus restaurantes. Chang, fanático por carne de porco, havia gradualmente eliminado os pratos vegetarianos de seus cardápios e chegara a afirmar em entrevista que, para ele, os animais tinham sido colocados na Terra para servir aos humanos e que "não gostaria de viver num mundo vegetariano".[23] Contudo, como seus clientes tinham fome de experimentar o hambúrguer de que todo mundo estava falando, Chang decidiu provar um... e ficou absolutamente fisgado. Encomendou caixas e mais caixas e passou a revendê-lo em seus estabelecimentos por uma pequena fortuna. Um ano mais tarde, esses hambúrgueres vegetais suculentos já eram vendidos em mais de 1.200 restaurantes e supermercados em 20 estados.

Os investidores não tiveram dúvida em pegar carona na tendência criada por Brown: em 2018, seu empreendimento recebeu aportes de quase 400 milhões de dólares de empresas como Google Ventures, UBS, Sailing Capital e Temasek Holdings, assim como de pessoas físicas como Li Ka-shing (um dos empresários mais ricos da Ásia) e Bill Gates.

Gates, aliás, já havia investido grandes quantias na Beyond Meat, outra empresa cujo objetivo é criar novos hábitos alimentares ecossustentáveis. Seu fundador, Ethan Brown, compartilha com Pat não apenas o sobrenome, mas principalmente a preocupação com o clima e também a atitude proativa.

Em certa tarde chuvosa, Ethan começou a examinar os produtos de origem animal que conferiam à carne sua estrutura firme e notou que todos (lipídios, minerais, aminoácidos e água) estavam presentes nos vegetais. Foi atrás de investidores, usou o capital para construir um laboratório e contratar uma equipe de excelentes bioquímicos e, em 2012, apresentou as primeiras tiras de frango da Beyond Meat, que tinham uma estrutura semelhante à de frango de verdade e eram perfeitas para fritar. A proteína era fornecida principalmente pela ervilha, que era transformada em pó e misturada a outros ingredientes vegetais tais como a gordura de algum óleo vegetal. O sabor do produto final é tão parecido com o de carne que ele é vendido na seção de carne de supermercados como o Whole Foods. Assim que o provou, Bill Gates não apenas investiu milhões no projeto como também declarou em seu blog que, mais do que um inovador substituto de carne, tinha saboreado o "futuro da alimentação".

Ambições

Eric Schmidt, ex-CEO do Google, não poderia concordar mais. Quando incitado a enumerar as seis inovações que iriam melhorar profundamente a vida dos seres humanos, Schmidt colocou a carne vegetal no topo da lista, acima até de veículos autônomos e relógios que predizem doenças. Para ele, a carne vegetal ajudaria a solucionar duas graves questões: como combater a mudança climática e como alimentar os 9 bilhões de pessoas que habitarão o planeta em 2050.

Mark Post, um cientista holandês ligado ao Medisch Centrum van Maastricht, crê que a resposta está nas placas de Petri. Enquanto Brown e Brown se lançaram numa engenharia reversa das plantas, ele passou anos refinando o cultivo de carne em placas de Petri a partir de células--tronco retiradas do músculo bovino. Após um tempo, transferiu as culturas para um biorreator de 25 mil litros a fim de transformá-las em bifes.

Um único reator poderia alimentar 10 mil pessoas com essa "carne limpa" — carne de verdade, mas menos carregada de culpa —; além disso, a invenção de Post não gera nuvens de gases de efeito estufa.

O também holandês Jaap Korteweg está no mesmo caminho de criar uma carne ecossustentável. Ele fez testes com tremoço, uma leguminosa, e produziu uma carne de soja. Em seu site, há uma imagem sua com um avental sujo do que à primeira vista parece ser esguichos de sangue, mas que na verdade é o sumo das cenouras decepadas que ele tem nas mãos. Korteweg foi fazendeiro por muito tempo, e sempre adorou carne. A culpa que o fez optar pelo vegetarianismo não extinguiu o desejo de comer sua comida favorita, e então, em associação com desenvolvedores de produtos alimentícios e cozinheiros, ele começou a fazer testes e experimentos até criar a Vegetarian Butcher. Desde então, a companhia foi adquirida pela Unilever, que acrescentou à sua linha de produtos frango, bacon, salame, cachorro-quente, *nuggets*, frango *teriyaki*, almôndega e até camarão vegetal. A ambição de Korteweg? Tornar-se o maior açougueiro do planeta.

Parece arrojada, mas ainda é uma meta menos ambiciosa do que a de outros produtores de carne vegetal. Alguns anos atrás, o fundador da Beyond Meat estabeleceu 2035 como prazo para substituir completamente a carne animal pela vegetal nos supermercados. Já Pat Brown, ao ser indagado por um jornalista sobre a importância de seu Impossible Burger com vista a um futuro sustentável, respondeu que a tecnologia da carne vegetal inventada por ele evitaria que a raça humana se mudasse para outros planetas (uma ideia que vinha sendo seriamente considerada como solução para os problemas da Terra). "Marte não chega aos pés da Terra", disse Brown. "Não é possível que alguém deseje ir para Marte. Não tem oxigênio respirável lá. E tem pessoas dizendo que a gente precisa dar um jeito de ir para lá para poder viver depois que destruir a Terra. O impacto que esse produto vai ter é o de salvar o planeta, mantê-lo habitável, e ninguém vai precisar ir para Marte."

Diga-se de passagem que tanto minha amiga vegana quanto o chef Derek, que me recomendaram seguir receitas para reaprender a fazer panquecas, estavam certos. Minhas panquecas já não são geradoras de tensão em meus relacionamentos nem tampouco de ânsia. Na receita, uso leite de coco ou de amêndoa (que na lista de compras indicamos como "leite", apenas, já que leites vegetais são o normal para nós), banana, semente de chia, ou o que quer que encontre na despensa. Tem dias que elas ficam melhores, outros menos, mas costumam ser saborosas. Ou talvez eu devesse simplesmente citar a minha amiga americana, que diz que elas "ah-rrasam".

5
Procura-se: homem, 20 a 40, estiloso, sexy, vegano

@magicalangel123 quer saber "onde estará meu Romeu vegetariano?". Em um site de relacionamento voltado para veganos, ela convida a mandar uma mensagem a sua "alma gêmea de princípios" que "tenha um coração que abrace a vida e queira me abraçar também!".

O brasileiro Lukas, de 21 anos, se descreve como tranquilo, simpático e criativo. Ele curte fazer caminhada e pedalar na natureza, música e desenho. Ama os animais e é por isso que não os come, e "obviamente" espera que sua futura parceira também não, o que "eu nem precisaria mencionar", completa.

@ethicalvegan tem dois filhos adultos, dois netinhos adoráveis e está em busca de um "cavalheiro vegano" para dividir o resto da vida.

@maneatplants quer "comer as gatas, não os animais".

Prazer, nós somos os vegansexuais

"Vegansexual" é o termo convencional para designar o indivíduo que leva um modo de vida plant-based e se relaciona romântica ou sexualmente apenas com outros veganos. Você pode encontrá-los aos montes em sites de relacionamento veganos, em encontros veganos ao redor do mundo, em plataformas como a Veg Speed Date ("para aqueles momentos em que você quer conhecer pessoas com ideias parecidas, e quer pra já") ou o aplicativo de namoro Veganific. A pesquisadora Annie Potts, da Universidade de Canterbury, cunhou o termo "vegansexual" em 2007 após descobrir, com base em um estudo com 157 veganos na Nova

Zelândia, que a maioria deles se atraía por indivíduos que também levavam uma dieta vegetariana, e não por aqueles que comiam carne. Outro estudo, este no Reino Unido, chegou a uma conclusão parecida.

Um vegansexual busca no parceiro vegano alguém que compartilhe princípios fundamentais, que encare junto os dilemas desse modo de vida, que tenha uma conduta ética. Por exemplo: se os dois não aceitam que "produtos de descarte" da indústria do leite (novilhos machos) sejam abatidos, não vão consumir leite de vaca, pois isso seria incentivar financeiramente tal prática. Para um vegano, é um comportamento lógico, e, para um vegansexual, outra conduta que não essa pode ser um empecilho incontornável.

Pessoalmente, acho que "Sou vegano por razões éticas, e você?" é uma maneira meio fraca de quebrar o gelo, mas é a pergunta com que os vegansexuais costumam abrir um primeiro encontro. Qual é o sentido de continuar a conversa se a resposta for negativa, por mais que a pessoa tenha olhos lindos ou uma barba por fazer absolutamente sexy? Para vegansexuais, a rejeição a se relacionar romanticamente com indivíduos que comem carne é tão autoexplicativa quanto à que um refugiado sente por um xenófobo descarado. Pessoas com visões de mundo completamente diferentes fatalmente vão discordar em questões fundamentais, e esse desacordo não é nada lascivo. Para um vegansexual, hábitos de consumo — para subsistência ou não — são indicativos de valores profundos e de traços de caráter num parceiro em potencial. O conteúdo da despensa de uma pessoa revela sua compaixão ou não pelos animais, assim como sua preocupação ou não com o meio ambiente. Também prenuncia se ela é altruísta e se tem maturidade para entender que seu comportamento gera consequências, características que são muito positivas quando se trata de alguém com quem talvez se queira formar uma família.

De acordo com os próprios vegansexuais, outra vantagem de ter um parceiro vegano é a praticidade, já que ele estará disposto a comer as mesmas coisas e frequentar os mesmos restaurantes, ou até a comprar contraceptivos numa farmácia natural — já que a maioria das camisinhas leva em sua composição a caseína, um subproduto da indústria do leite, e as pílulas são revestidas de um material gelatinoso produzido com os restos de porcos e vacas. (Você não sabia? Pois é justamente esse o ponto dos vegansexuais.)

Outra coisa importante: alguns vegansexuais consideram mais atraente um parceiro vegano porque ele terá um cheiro melhor do que um comedor de animal; ou porque repudiam a ideia de beijar alguém que possa ter fiapos de carne entre os dentes; ou porque perdem completamente o desejo só de pensar no boyzinho comendo iogurte de leite de vaca no café da manhã. Se para você isso parece ridículo, imagine sair com alguém que se alimenta de carne humana, ou de carne de filhote de golden retriever. Mastiga, mastiga, mastiga, engole... e aquela boca se abre para te receber.

Sermão

Nem todos os veganos são tão rigorosos quando se trata de amor. E aí me incluo. Mais ou menos quatro anos antes de começar a escrever este livro e me tornar vegana, me apaixonei perdidamente por um cara que era fanático por escalada. Quando nos conhecemos, ele já era vegetariano, porém adorava laticínios e ovos, o que não mudou mesmo depois que eu decidi aderir ao veganismo. Como estava acostumado a obter de produtos de origem animal as proteínas que precisava para ganhar músculos, eu sempre preparava para ele uma tigela de iogurte grego com castanhas para comer depois do treino pesado, assim como ele preparava para mim um pote de sorvete vegano de coco com massa de biscoito nas noites de Netflix.

Felizes para sempre? Nem sempre. Durante os anos em que ficamos juntos, tivemos certa dificuldade com essas diferenças de alimentação e estilo de vida. Para mim, não era fácil folhear páginas e mais páginas de relatórios da indústria leiteira ou de frango na pesquisa para o livro e logo depois deparar com os itens "ovos" ou "parmesão" em nossa lista de compras conjunta.

Pior ainda era comprar esses produtos, pois era o mesmo que contribuir financeiramente com o sofrimento animal contra o qual eu havia passado a me posicionar de forma enfática. Por outro lado, sabia que meu companheiro gostava deles, e julgava que não era meu direito impor minhas convicções; as decisões dele eram dele, e meus princípios não eram automaticamente melhores. Em outros aspectos, ele era muito mais consciente do que eu: evitava tanto quanto possível embalagens de plástico no supermercado e sempre recolhia o lixo que encontrava no parque ao lado de casa (eu normalmente sou preguiçosa demais, ou distraída demais, ou estou com pressa demais para fazer isso). Então, quem era eu para dar sermão? Uma incompatibilidade de ideias já não é sexy, e se achar superior é uma postura ainda mais corta-libido.

Passei a me sentir impelida a evitar que cada refeição em casal se transformasse num debate acalorado. *Não me resumo ao que escrevo*, eu pensava no mercado enquanto procurava por um substituto de ovo para uma receita de torta salgada; não me resumo à minha pesquisa. Não queria agir como uma ativista; só queria ser a namorada, rir junto, cozinhar junto, conversar e esquecer do mundo, como antes de começar este livro.

Entretanto, às vezes não conseguia me segurar e começava a palestrar sobre o futuro da alimentação. Se ele comentava que (ainda) estávamos sem ovo, eu dizia com um entusiasmo quase histérico que tinha feito uma quiche com farinha de grão-de-bico no lugar dos ovos e então sutilmente (ou assim achava) deixava escapar a informação de que no ano anterior 627.511.800 animais haviam sido mortos nos abatedouros holandeses, a grande maioria galinhas.[24]

"Inacreditável, né?", eu perguntava.

Ele apagava as velas e devolvia a rolha à garrafa de vinho que tinha acabado de abrir.

"Já vai deitar?", eu indagava surpresa e meio ofendida. "É um fato... A gente não pode conversar sobre? Quero me sentir à vontade para falar de assuntos que me incomodam, nem tudo precisa virar uma discussão."

Ambos tivemos de lidar com os novos deflagradores de conflitos. Da minha parte, parei de comentar na mesa de jantar sobre o que andava lendo ou escutando ou refletindo. Houve momentos em que parei de comentar completamente sobre o tema dentro de casa. Em vez disso, escrevia e depois ligava para algum amigo vegano para conversar ou então saía para me exercitar e exorcizar a frustração. Depois disso, eu conscientemente acionava o modo noite-relaxante com meu namorado. Da parte dele, precisou se acostumar com uma companheira que de repente passou a adaptar suas receitas favoritas e a comprar produtos novos, diferentes. Uma companheira que de vez em quando, após a enésima entrevista com um fazendeiro ou ativista dos direitos animais, voltava para casa com a cara pálida e um sorriso forçado. Que se debruçou sobre os problemas do mundo a ponto de levá-los para dentro do lar, para dentro da cozinha.

Da *nossa* cozinha.

Problemas no paraíso

Outros casais enfrentaram problemas parecidos — e alguns só conseguiram resolvê-los com ajuda. Imagine a situação: um rapaz vegano fica de quatro por uma garota carnívora e, enlevado pela paixão, acredita que suas diferenças alimentares podem ser superadas. Isso até o momento, no quarto encontro, em que ela crava uma faca num filé malpassado, cujo sangue se espalha lentamente pelo prato, assombrando o rapaz; ou até ela apresentá-lo aos pais e ele recusar a torta de creme preparada pela mãe.

Ai.

Problemas de relacionamento entre veganos e comedores de animais não são necessariamente inevitáveis — há, sim, casais híbridos que são felizes —, porém brigas são comuns, tão comuns, de fato, e tão acaloradas que Melanie Joy publicou um livro de autoajuda voltado a esses casais, e inúmeros blogueiros veganos já escreveram artigos sobre o tema. Vou falar disso mais adiante, mas primeiro vamos entender melhor que problemas são esses.

Após aquela fase inicial difícil, passa a ser quase insuportável para muitos veganos escutar o parceiro comedor de animais comentar entusiasmadamente que está pensando em pedir "o cordeiro delicioso" no restaurante à noite, ou, pior, afirmar que, no que lhe diz respeito, seus futuros filhos deverão poder consumir carne e leite. Quanto mais refletem sobre a indústria da carne e do leite, menos os veganos compreendem a indiferença do parceiro, menos concebem que alguém possa pensar de um jeito diferente. Por sua vez, o comedor de animais se incomoda com o fato de que cada "agradável" refeição em casal descambe para uma discussão ética sobre a comida que está em seu prato, e se incomoda mais ainda quando percebe o olhar de repugnância com que o outro encara seu bigode de leite. "Não é uma coisa pessoal", diz o vegano, com um suspiro. "Não estou dizendo que *você* é uma má pessoa, só estou dizendo que a sua escolha de beber leite tem certas consequências."

É óbvio que é pessoal.

Comida que conforta

Não há na vida escolha mais pessoal do que a comida. Comida, família e lembranças são inseparavelmente ligadas. A comida representa o passado, as tradições, as celebrações, o acolhimento.

Seus pratos favoritos são determinados por suas preferências atávicas, claro, porém mais ainda por suas vivências. A canja de galinha que sua mãe fazia quando você estava doente. O sorvete de casquinha que escorria pelo seu queixo num dia ensolarado na praia. O *spaghetti alle vongole* que aquele namorado preparou na primeira vez que você comeu na casa dele. O licor doce e barato que bebeu numa noitada e fez sua garganta arder mesmo horas depois de botá-lo pra fora na privada.

Não há nada mais pessoal do que a comida, e não há nada mais político também. Cada item alimentar que você compra é, num sentido, um voto. Um voto pró indústria do leite ou um voto pró indústria do leite vegetal; um voto pró setor de carne orgânica ou pró produtores de couve-kale; um voto pró indústria açucareira, pró produtores de carne limpa ou pró aquela doceria familiar que fica na sua rua. A comida expressa um apoio financeiro e político a uma organização, e a maioria das pessoas no Ocidente manifesta sua posição ao menos três vezes por dia, tenham elas consciência disso ou não. O voto carrega tanto um privilégio quanto uma responsabilidade; ninguém pode votar por você. Com a comida, é igual.

A decisão do que comer é uma das únicas que cabem inteiramente ao indivíduo. A partir do momento em que você se torna adulto, ninguém que não você próprio decide o que coloca na boca, a não ser que more num lugar em que a liberdade seja restrita (espero que não seja o caso), ou que esteja sendo alimentado à força (definitivamente espero que não seja o caso, pois você seria um equivalente humano do ganso-de-toulouse, que leva uma vida de merda, e até os comedores de carne mais fanáticos acham isso). Se você pode escolher o que come, cada refeição é uma ação política, uma decisão de apoiar determinados produtores e de boicotar outros. É um investimento no desenvolvimento de determinados alimentos em detrimento de outros. A cada mordida, você orienta a economia e a política rumo a um certo horizonte.

A sua despensa guarda a sua crença:

Pequenos produtores de café merecem ser bem remunerados por seus grãos, ainda que eu tenha de pagar mais caro.

Café é caro demais; as marcas mais populares estão de bom tamanho para mim.

A comida cura.
A comida serve pra dar energia.

Os animais servem aos humanos.
Os animais não devem sofrer para que eu possa me alimentar.

Eu tenho consciência de que o sistema alimentar desperdiça e exaure recursos.
Eu não faço ideia, só quero comer coisas legais.

SETS

Chega de política, vamos falar das implicações das escolhas alimentares no entorno mais próximo: na mesa de jantar, na cama, no lar. O crescimento acelerado no número de veganos provocará inevitavelmente o crescimento no número de casais híbridos (um comedor de vegetais e um comedor de animais) e, assim, um provável aumento das discussões ao redor da mesa de jantar — o que também foi previsto por Melanie Joy, especialista em problemas conjugais de casais mistos.

"Os desentendimentos são muito comuns em um relacionamento no qual uma pessoa já é ou se torna vegana e a outra continua consumindo carne e leite", ela me falou em uma videochamada em 2019. Joy parece ter muito menos do que os 55 anos informados em sua página na Wikipédia; o cabelo castanho está preso num rabo de cavalo, e ela veste uma camiseta verde-escura de mangas curtas. "Isso pode acontecer porque o vegano é expressamente crítico dos hábitos alimentares do comedor de animais, ou porque o não vegano se sente julgado mesmo que o outro não verbalize suas críticas. O fato de não compartilhar mais os mesmos alimentos pode ser percebido como uma rejeição ao seu eu do passado, ao seu eu do presente, ou às suas noções de certo e de normal."

Outra questão recorrente nesses relacionamentos tem a ver com a transformação emocional pela qual passa o indivíduo que decide aderir ao veganismo. "Antes de tomar essa decisão, muitos veganos passam por uma crise pessoal. Eles entram em contato com leituras e vídeos que os fazem tomar consciência dos processos de produção de ovos e leite e do sofrimento animal que esses processos causam, informações que eram desconhecidas até então. Assim, se sentem enganados pela indústria da carne e do leite, pelos pais, professores, jornais e marcas. Nada do que eles acreditavam faz mais sentido, e daí vem uma sensação de perplexidade ou de ansiedade que pode afetar o relacionamento amoroso."

No livro *Beyond Beliefs*, que trata da comunicação e do relacionamento entre veganos e não veganos, Joy denomina essa crise de "síndrome do estresse traumático secundário", ou SETS. A SETS pode acometer indivíduos que foram testemunhas indiretas de violência; socorristas, por exemplo, podem apresentar sintomas de estresse secundário em decorrência das histórias traumáticas dos pacientes, as quais os perseguem mesmo fora do trabalho. Joy afirma que veganos também podem sofrer de SETS ao verem reportagens ou vídeos sobre sofrimento animal, sem conseguir se livrar do incômodo que elas causam.

O que me faz pensar nas ocasiões em que me esforcei para esquecer o que tinha lido, visto ou escutado durante um dia. Não chegava a ser um trauma, mas às vezes era inevitável sentir tristeza ou preocupação, e esse incômodo podia demorar dias para passar. No entanto, me pareceu um tanto inapropriado comparar a minha empatia pelos animais com a piedade que deve acometer alguém que trabalha na emergência de um hospital ao receber um caso de abuso infantil ou de violência doméstica. Ao mesmo tempo, violência é violência. Por que eu deveria me sentir constrangida por me sentir de determinado jeito?

"A sociedade carnista é extremamente violenta", enfatiza Joy. "As pessoas só não pensam assim porque aprendem desde a infância que maltratar os animais é normal, natural, lógico e até necessário, e também porque essa violência é praticada a portas fechadas pela indústria. Contudo, as pessoas estão começando a enxergar para além dessa fachada. Ao mergulhar mais a fundo na realidade dos setores da carne e do leite, começam a ficar claros os sinais da exploração animal em larga escala que a sociedade carnista julga 'normal', na seção de refrigerados dos supermercados, na estrada quando se passa por um caminhão com porcos empilhados, ou dentro de casa quando o companheiro ou a mãe está descascando um ovo cozido."

A questão é que com frequência você é o único a de repente enxergar a aberração, o absurdo e a violência dessas práticas; o restante do mundo continua girando, comprando e comendo normalmente. Como consequência, o vegano entende que o parceiro, a família e os amigos são partícipes de uma lógica imoral e, por mais que os considere boas pessoas, começa a vê-los sob uma nova perspectiva: num sentido, esses comedores de carne são "responsáveis", são cúmplices do sofrimento desnecessário dos animais, e o vegano, agora armado de um conhecimento irrefutável, não consegue compreender por que seus entes queridos continuam seguindo a doutrina do carnismo.

"Sabe aquela expressão comum entre os soldados?", indaga Melanie. "'Quem visita a guerra jamais retorna para casa'? Algo parecido vale para os veganos."

Antissocial

Aqui também reluto em comparar os testemunhos veganos com os traumas de veteranos de guerra, mas entendo a ligação que Joy estabelece: a ideia de descobrir uma verdade que não pode ser renegada e transforma o que era normal e aceitável em absurdo e inaceitável, inclusive a conduta de pessoas amadas.

Se antes eu comprava sem pestanejar os ovos que estavam indicados na lista de compras, hoje não consigo fazê-lo, porque tenho conhecimento de que as galinhas "criadas soltas" sofrem absurdamente durante sua abreviada existência. Costumava despejar o iogurte grego numa tigela sem pensar duas vezes, mas, na última vez que fiz isso para meu namorado, um pensamento disparou em minha cabeça: não é bizarro que seres humanos determinem quando uma vaca deve ficar prenhe e a inseminem artificialmente enfiando nela um enorme tubo de metal? Não é bizarro que seres humanos decidam por quanto tempo um novilho pode mamar da mãe, ou que humanos e máquinas pincem as tetas de uma vaca e espremam seu leite para vender? Não é absolutamente bizarro que nós assumamos um papel de deuses da vagina, do estômago e das tetas das vacas?

Eu nunca tinha pensado nesses termos.

Pelas minhas conversas com amigos e desconhecidos, sei que muitos veganos vivenciaram uma transformação parecida.

Certa vez, J, um amigo, me ligou preocupado porque tinha sido convidado para o churrasco anual dos vizinhos e queria muito comparecer. "Adoro eles, a gente conversa sobre tudo, cuida dos gatos e das plantas uns dos outros quando alguém viaja, essas coisas, então sinto que não posso recusar. Mas eles são fanáticos por carne e peixe, e agora que sei como essas indústrias funcionam não consigo me conformar com a indiferença das pessoas por aqueles animais que estão bem ali na churrasqueira. Não quero ser o chato que fica falando sobre crueldade contra os animais, mas a outra opção é apenas fingir e me sentir deslocado."

Já minha amiga V quase terminou com o namorado que falou que ela fez "drama demais" quando se desfez em lágrimas após assistir a um documentário de um ativista disfarçado numa fazenda de criação de galinhas na qual os pintinhos desesperados eram moídos vivos. "Não era minha intenção ficar pra baixo depois de ver o filme", ela falou pesarosamente, "mas não conseguia tirar as imagens da minha cabeça. E tenho dificuldade para entender por que ele se recusa a ver essas coisas. Ele reclama quando eu comento, diz que é 'desagradável'. E eu concordo. Mas é o sistema de produção alimentar que é desagradável, e, se eu fico triste e comovida ao saber desses fatos concretos, o que isso diz em relação a ele? Está em negação? É indiferente? Não sei o que é pior."

O jornalista político Ezra Klein, apresentador do popularíssimo e aclamadíssimo podcast *Vox*, classificou sua transição ao veganismo como "uma das experiências mais perturbadoras e radicalizantes" de sua vida, não tanto porque agora seguia uma dieta diferente das pessoas próximas, mas porque sua visão sobre elas mudou. Nas refeições com amigos, ao vê-los fatiando um filé e enfiando creme de leite e ovos na boca, tudo o que pensava era: "Isso que vocês estão fazendo é moralmente errado". Esses relatos nos fazem concluir que ser vegano em uma sociedade carnista é expor a um risco potencial os relacionamentos, sejam de amizade, familiares ou românticos.

Sessão de terapia

"O que casais híbridos podem fazer para salvar o relacionamento?", perguntei à psicóloga. Talvez eu tenha transparecido certa ansiedade, pois Melanie Joy me olhou com o que só pode ser descrito como compaixão e me perguntou se meu companheiro era um comedor de animais e eu, uma comedora de vegetais.

Me sentindo levemente acuada, fiz que sim com a cabeça. "É difícil, eu sei", ela falou, com um sorriso; Joy havia comentado comigo que seu namorado atual era vegano, como ela. E os ex? Como foi com eles, como eles lidaram? Ela desvia o olhar, hesita, e então diz as palavras mais reveladoras: "É... complicado".

Eis o conselho que ela me deu. O mais importante, segundo Joy, é que o comedor de animais e o comedor de vegetais evitem aprofundar o desentrosamento. "Para ambos, a sensação de desconexão parece ser provocada pela comida. Para solucionar esse problema, o vegano costuma tentar convencer o outro a também se tornar vegano." Ele intui que comer as mesmas coisas vai gerar uma conexão emocional entre o casal. Contudo, o efeito é o oposto: "O não vegano se sente pressionado, o que intensifica a sensação de estranhamento".

Hum.

Olhando em retrospectiva, aquela somatória pouco sutil de animais mortos anualmente que despejei sobre meu namorado me pareceu uma técnica de manipulação que não só se mostrou ineficiente (ele não deixou de comer um único ovo por isso) como agravou o estranhamento entre nós. Se eu tinha dificuldade para tolerar sua dieta carnista, ele podia dizer o mesmo sobre minha palestrinha vegana.

"A questão real que se coloca para um casal híbrido não é o que os dois comem em casa, mas a necessidade de cada um de se sentir visto, escutado, apoiado." Caso contrário, a insegurança toma conta, e isso vale para qualquer relação. Por que não valeria para uma entre um vegano e um não vegano? "A insegurança nasce quando o parceiro nega ou menospreza uma questão que te chateia, ou então a trata como algo positivo." Imagine a cena: um comedor de animais falando efusivamente do "maravilhoso pernil de cordeiro" em seu prato, ou o namorado de um vegano negando que animais de produção são expostos a dor e medo, seja no momento do abate, seja ao longo de sua vida. "Para restabelecer a conexão emocional com um vegano, comedores de animais não precisam mudar a alimentação, mas precisam, sim, demonstrar que entendem a razão da preocupação e da aflição do vegano." Quando age assim, um comedor de animais se torna um "aliado vegano".

De sua parte, os veganos devem compreender que quem consome carne ou leite, embora contribua para o carnismo, não é automaticamente um "criminoso", um indivíduo cruel ou indiferente. "O ser humano é complexo", diz Joy, "e cada indivíduo exerce um papel. Se o ativista vegano usa um tênis sem matéria-prima de origem animal mas que foi produzido com exploração infantil, ele é um criminoso ou um herói?"

Além disso, é necessário, tanto para o comedor de vegetais quanto para o comedor de animais, deixar claro qual é seu limite pessoal; o estabelecimento expresso desses limites ajuda a firmar compromissos e a evitar discussões. O vegano concorda em comprar produtos de origem animal para o companheiro? E quanto ao outro usar carne, leite e ovos nos preparos culinários? Ele vai assistir passivamente enquanto o companheiro come esses alimentos? E o não vegano? Vai se dispor a aprender receitas veganas? A pedalar até um mercado mais longe onde haja mais opções veganas? É importante para ele poder comer carne sem ter que lidar com a expressão acusatória do parceiro?

Eis aí uma sessão de terapia de graça. Boa desculpa para escrever um livro, não acha?

Masculinidade das cavernas

Precisamos falar sobre o homem. Ou melhor, sobre a masculinidade. O crescimento extraordinariamente acelerado do veganismo como movimento provocou abalos para além do âmbito dos relacionamentos — mais especificamente, abalou a percepção geral de gênero. Não estou falando de biologia: o que determina o gênero é a cultura, não a natureza. Gênero envolve identidade e expectativas de comportamento: o gênero diferencia homem e mulher pelas qualidades que são atribuídas a um e outro.

Essas qualidades variam de sociedade para sociedade. No Ocidente, tal distinção por séculos se deu nos seguintes termos: ser forte e racional é masculino; ser delicado e emocional é feminino. Homens são naturalmente bons em matemática, assim como bons líderes, ao passo que mulheres são boas em línguas e em cuidar dos outros. Homens sentem desejo sexual o tempo todo; mulheres estão o tempo todo com dor de cabeça. E um homem "de verdade" come carne, pois vegetais são para as mulheres, os afeminados e os coelhos.

Exagero? Total. Clichê? Pode apostar.

Sem fundamento biológico? Com certeza.

E no entanto tais estereótipos afetam profundamente a maneira de se comportar e de pensar de meninos, meninas, homens, mulheres, generofluides, generoneutres.

Em 2012, uma série de estudos publicados por cientistas estadunidenses mostrou que os consumidores do país fazem uma associação entre carne e masculinidade. "Para o americano arquetípico, forte, tradicional, viril, musculoso, a carne vermelha é um alimento arquetípico, forte, tradicional, viril, musculoso", concluiu o *Journal of Consumer Research*. Isto é, o machão americano, que tem uma noção convencional de "virilidade" ou de força, considera a carne vermelha um alimento tipicamente americano, másculo e poderoso. Muitas mulheres fizeram coro à resposta dos homens a essa pesquisa: elas próprias não viam problema em não comer carne, porém consideravam um alimento "necessário" para eles e entendiam que era "esperado" que um homem comesse carne. A ideia de que um homem "de verdade" necessitava comer carne foi difundida por muito tempo também em outros países ocidentais. E de preferência a carne de um animal robusto — melhor a de um boi do que a de um frango. A crença (subconsciente) que perpassa por essa preferência é a de que o indivíduo que ingere a carne vai absorver a força do animal, ou seja, vai se tornar "tão forte quanto um touro". Então, bota o avental de couro marrom, deixa a barba de lenhador crescer e põe a carne na grelha, porque "fogo, carvão em brasa e aquela distinta nuvem de fumaça que anuncia o banquete do homem primitivo é tudo o que nós [homens] queremos".[25]

Claro, claro... Só que, de acordo com o psicólogo social Hank Rothgerber, a imagem do homem das cavernas carnívoro não tem lastro na Pré-História. Em um artigo com o sugestivo título "Homens de verdade não comem quiche (de legumes): a masculinidade e o pretexto para consumir carne", ele afirma que o estereótipo do homem comedor de carne foi criado recentemente por certas marcas com o objetivo de fazer dinheiro num contexto em que as noções mais seculares de virilidade estavam sendo ridicularizadas... por um grupo de mulheres indignadas.

Propaganda para macho

Estamos falando dos séculos xx e xxi, um tempo em que, em boa parte dos países do Ocidente, se intensificavam as críticas feministas à iniquidade na configuração que a economia e a família haviam tomado até então, na qual homens costumavam ser os "líderes", os tomadores de decisão, e as mulheres, subordinadas. O poder do patriarcado começou a declinar. Em 1765, o advogado britânico William Blackstone afirmara em um de seus tratados sobre a lei inglesa (e mais tarde estadunidense) que, "pelo matrimônio, marido e esposa se tornam um único cidadão perante a lei: isto é, a existência legal da mulher é suspensa durante o casamento, na medida em que é incorporada e materializada na do marido". Quer dizer, uma mulher não tinha o direito legal de existir dentro dos limites impostos pelo casamento: sua vida literalmente dependia do marido e do tratamento que ele decidia dar a ela. Não fazia diferença se a mulher possuía herança, se tinha alguma forma de renda: com o casamento ela passava a ter nada, tudo pertencia ao marido.

Mas os tempos estavam mudando.

Em 1919, as mulheres conquistaram o direito de votar.

Em 1970, as feministas holandesas manifestavam sua vontade de decidir sobre o próprio corpo.

Em 1980, o aborto foi legalizado na Holanda.

No mesmo ano, a Lei de Tratamento Igualitário (entre Homens e Mulheres) foi incorporada ao ordenamento jurídico, a qual determinava que mulheres ganhassem o mesmo que os colegas homens de mesmo cargo.

Em 1991, o sexo não consentido dentro do casamento foi criminalizado na Holanda.

(Vou repetir, caso você ache que digitei errado: o sexo não consentido dentro do casamento foi criminalizado apenas no ano de 1991.)

Tais transformações jurídicas não só tiveram o efeito de virar de cabeça para baixo a noção geral sobre a condição feminina, como também o de desarranjar o conceito de homem. A partir do momento em que se viram cercados por mulheres que usavam calça, mulheres que ganhavam bem, mulheres politicamente ativas, mulheres que diziam *não*, ficou cada vez mais difícil para os homens promover a masculinidade tradicionalmente estabelecida.

A ajuda a esses homenzinhos confusos veio de um lugar insólito: dos setores de fast-food e de automóveis. Naquela época, a televisão e os outdoors miravam os homens em crise de identidade masculina. A publicidade de empresas como Domino's Pizza, Burger King, General Motors e McDonald's insinuava que um homem de verdade era aquele que comia muita carne e que, portanto, a virilidade ameaçada poderia ser conservada comprando-se mais carne.

Tinha, por exemplo, um comercial da Del Taco em que um cara tentava montar um móvel do tipo faça você mesmo e não conseguia (o que não é nada másculo); então uma voz onisciente o incentivava a comprar o novo *burrito* da marca, cujo recheio era basicamente carne. "É o único com carne o bastante para saciar a fera." A mensagem por trás? Quando come carne, você se torna uma "fera", e é isso que se espera de um "homem de verdade".

Em outra propaganda muito veiculada, produzida pela General Motors para divulgar o Hummer, víamos dois homens relativamente jovens na fila de um caixa de supermercado. A atendente começa a passar os itens do primeiro: tofu, legumes, uma embalagem na qual se lê "soja" e suco de frutas. Então o segundo homem começa a colocar suas compras na esteira: enormes peças de carne e carvão de churrasco. Ele ri do rapaz do tofu, que, constrangido, desvia o olhar e acaba fitando uma propaganda do Hummer numa revista. Dali, ele parte para a concessionária mais próxima, e na sequência o vemos rasgando a estrada dentro de sua suv enquanto morde uma cenoura. A seguir, surge o texto: "Resgate sua masculinidade". Ou seja, legumes e tofu são alimentos menos viris do que carne, de modo que, se você os come, precisa compensar comprando outro produto que devolva a macheza (no caso, um carro descomunal e caro).

Na Holanda, em 2014, foi veiculado um comercial da marca de condimentos Remia em que um ator comia um *kebab* vegetariano enquanto rodava um filme de guerra. Quando está prestes a cravar os dentes no *kebab*, ele é puxado por ninguém mais, ninguém menos do que Sylvester Stallone, que o protege arduamente contra as granadas e outros projéteis que começam a ser lançados. "Se você quer lutar como um tigre", aconselha Stallone, "não coma como um coelho."

Eu acho essas propagandas hilárias, e tenho a perfeita consciência de que lançam mão de uma ideia de masculinidade absolutamente exagerada, que beira o absurdo. Contudo, o humor e o cinismo dos publicitários não suavizam a representação que eles propagam. Um rapaz mais sensível pode até rir desses comerciais, mas, após vê-los aos montes, vai tender a evitar um *wrap* vegetariano e escolher o hambúrguer. Afinal, comer carne não é coisa de caras durões apenas, é o que se "espera" daquele gênero como um todo.

As revistas voltadas para homens também reforçavam a imagem deles como "feras" devoradoras de carne. Em 2014, o professor de Linguística

Arran Stibbe analisou seis edições da publicação *Men's Health*, que na época vendia 3,5 milhões de cópias no mundo todo e podia ser facilmente reconhecida pela capa com o tanquinho sarado do modelo da vez. Stibbe chegou à conclusão de que os artigos e as fotos da revista estabeleciam uma associação entre carne, especialmente carne vermelha, e masculinidade. Em muitos dos textos, era dito explicitamente que ingerir carne era necessário para aguçar a masculinidade, já que a carne, dizia a revista, deixava mais definido, mais saudável, mais sexy, mais forte (curiosamente, não se encontrava em lugar nenhum a informação de que a ingestão de produtos com carne que contêm grandes quantidades de gordura saturada, trans e colesterol, como hambúrgueres, cachorros-quentes, filé e bacon, estivesse associada a doenças cardíacas e à disfunção erétil).

Noções à deriva

Por volta de 2018, a imagem a respeito do homem voltou a sofrer abalos, não mais graças a um grupo de mulheres exaltadas, e sim a homens que não queriam se identificar com "tigres" ou com qualquer animal. Eles não queriam se alimentar de animais, ponto-final.

Na vanguarda, estavam: cozinheiros que se propunham a provar que pratos vegetarianos podiam ser tão nutritivos e potentes quanto a carne; fisiculturistas e outros atletas que haviam ganhado seus músculos consumindo proteínas vegetais; e celebridades veganas que não se furtavam a criticar abertamente a imagem do homem carnívoro.

No Reino Unido, Derek Sarno e seu sócio, por meio de sua empresa Wicked Healthy, projetaram uma nova concepção da comida típica dos homens "de verdade": as receitas que eles compartilham — no ambiente on-line ou em livros de receitas — com suas centenas de milhares de seguidores são extremamente churrascáveis, com o bônus de aumentar as chances de alcançar o desejado tanquinho, uma vez que preparos veganos costumam ser menos gordurosos do que os tradicionais preparos másculos de carne. No livro *Man. Eat. Plant.*, homens veganos contam por que pararam de comer animais e ainda há receitas de pratos tão "sangrentos", "defumados" e "suculentos" quanto aqueles que eram considerados tipicamente "masculinos" na Era Carnista — com a diferença de que a Ração do Homem 2.0 é constituída de beterraba, tofu e outros produtos vegetais.

O que esses caras estão fazendo é virar de cabeça para baixo o conceito de masculinidade, chacoalhá-lo e moldá-lo até que ele sirva aos homens que eles próprios desejam ser: fortes, saudáveis, dignos da capa da *Men's Health*, porém não violentos. Assim, selecionam somente os aspectos da ideia tradicional de masculinidade que os atraem: churrasco, pratos nutritivos e substanciosos e tanquinho sarado. O resto foi descartado.

O ator, criador, apresentador e vegano Daniel Kucan fez algo nesse sentido em seu blog. Ele deixou claro aos leitores que sentia muita falta de comer carne, sentia falta "todo santo dia", em suas palavras, mas entendeu que resistir a esse desejo era uma prova de força e, portanto, de masculinidade. "Não entendo", escreveu. "Desde quando fazer o *fácil*, em vez do *certo*, é demonstração de virilidade?"

A pertinente indagação me faz lembrar do escritor Jonathan Safran Foer, que, em seu livro *Comer animais*, questionou: "Dois amigos se encontram para um almoço. Um deles diz que está com vontade de hambúrguer e pede um. O outro também fica com vontade, porém logo pensa que há coisas mais importantes do que satisfazer um desejo repentino e então pede um prato diferente. Entre esses dois homens, qual é o mais frouxo?".

Nem Safran Foer nem Kucan recusam a noção convencional de "homem forte"; o que fazem é adaptá-la levemente ao sugerirem que a força mental é tão ou mais importante do que a física. Fazer o que se considera moralmente certo, apesar de ser — ou melhor, justamente por ser — difícil e trabalhoso, agir com disciplina: *isso sim* é viril. Caso contrário, você se entrega ao que considera saboroso, confortável ou fácil, mesmo sabendo que vai contra suas mais profundas convicções. E, na lógica de Foer e Kucan, essa atitude não é varonil, e sim emotiva, sentimental — duas características normalmente associadas à feminilidade, ao "sexo frágil".

Para quem ainda está com dificuldade para se acostumar com tantas mudanças, pode ficar com o vegano Dominick "Domz" Thompson, que se tornou enormemente musculoso comendo apenas "o que elefantes comem", especialmente legumes, e que, para muitos de seus quase 200 mil seguidores, é a personificação da virilidade. Para as meninas hétero-vegansexuais que estão me lendo: até onde sei, atualmente Domz divide a cama apenas com sua cachorrinha, Scruff McFly.

6
Overdose vegana

A bolacha Oreo é vegana.

Os biscoitos Ritz são veganos.

A calda de chocolate da Hershey's é vegana.

Vodca é vegana.

Balinhas de gelatina são veganas.

Dadinhos de batata costumam ser veganos.

A Lay's Original e as batatas *chips* sabor churrasco são veganas. A Pringles também.

Açúcar refinado é vegano, assim como o pãozinho francês do supermercado, o strudel de maçã e os tipicamente holandeses rocamboles de canela.

Você entendeu aonde quero chegar. Alimentação vegana não é sinônimo de "alimentação saudável". O veganismo é um modo de vida fundamentado em uma escolha moral, uma escolha que não implica obrigatoriamente um conhecimento sobre alimentos e nutrição. Nem tampouco se trata de dieta ou solução para perder peso. Essa associação tão comum se deve ao eficiente trabalho de marketing realizado pelo veganismo.

No Ocidente, boa parte dos indivíduos deseja ser magra, sarada e saudável (normalmente, nessa ordem), o que pode ser difícil para quem se desloca de transporte público até o escritório todo dia, não tem energia para ir à academia após o trabalho e é constantemente tentado pelas guloseimas hipercalóricas, insanamente açucaradas e, claro, deliciosas que são vendidas no refeitório da empresa ou no quiosque da estação. Não é surpresa alguma, portanto, que 1 a cada 3 de nós esteja permanentemente em dieta para perder peso, o que significa enormes lucros para a indústria da dieta: na forma de inúteis *shakes* emagrecedores, comprimidos e refeições prontas, o que ela vende é esperança.[26] E a esperança nunca morre.

"Coma isso e não precisa fazer mais nada, você vai ver que funciona", alega o anúncio da dieta, e os clientes obviamente sabem que é um absurdo. O sobrepeso não faz deles idiotas; sabem perfeitamente que só vão emagrecer se queimarem mais calorias do que consumirem e que esse processo é lento e requer disciplina, paciência e tolerância extremas.[27] No entanto, qualquer um que já tenha passado pela desesperadora experiência de encarar seu reflexo flácido ao fim de mais um dia de dieta sabe que a esperança é muito mais acolhedora do que a decepção.

Claro que os fornecedores de produtos veganos surfaram nesse conhecimento, como também os veganos que pretendiam difundir a ideologia, e juntos eles deram origem a uma dieta multiúso: a Vida Vegana, solução para todas as necessidades e desejos.

"Não gaste seu dinheiro com comprimidos dietéticos: torne-se vegano e você vai perder peso!", proclamam cartazes e *posts* nas redes sociais. Trata-se de uma meia verdade: embora pesquisas mostrem que a alimentação vegana pode se constituir de alimentos menos gordurosos e fornecer mais nutrientes que previnem doenças, também pode conter toda gordura, sódio e açúcar que você quiser. Você pode ganhar peso com uma alimentação vegana, pode se intoxicar e, se se esforçar, pode entupir suas artérias e ter um ataque cardíaco.

Pasta de chocolate é um alimento vegano. Granulado de chocolate é vegano.

Ketchup Heinz? Cem por cento vegano. Coca-Cola? Vegana.

Aquelas tiras azedinhas de alcaçuz sabor morango são veganas. Balinhas cítricas, Skittles e bala de caramelo também são.

Batata frita é vegana.

O Cornetto e o Magnum têm uma versão vegana; ao tempo em que escrevo este livro, a Ben & Jerry's oferece nove sabores de sorvete veganos, incluindo um de chocolate com pasta de amendoim e pedaços de brownie de chocolate e massa de biscoito de amendoim. Parece bem gostoso, mas nada saudável.

A margarina da Halvarine, uma marca holandesa, é vegana e, de acordo com a colunista Sylvia Witteman, uma "pasta nojenta e grotesca". O que Witteman quer dizer é que, como qualquer margarina, não é feita de gordura animal, mas de óleos vegetais e água, que são transformados em pasta por meio de um processo químico de hidrogenação, o qual produz gorduras trans, que aumentam o risco de doenças cardiovasculares. O simples fato de a margarina ter menos calorias do que a manteiga de leite de vaca não faz dela saudável.

Falando em pastas nojentas e grotescas, as pesquisas mostram que diversos produtos veganos industrializados contêm enormes quantidades de gorduras saturadas e aromatizantes, principalmente sódio. A ponto de um aparentemente inofensivo hambúrguer de brócolis conter um terço da recomendação total diária de sódio.[28]

Durante o meu processo de veganização nos últimos anos, me deparei com esse problema não apenas em relação a produtos industrializados, mas também a queijos veganos, cujo desenvolvimento se achava ainda num estágio inicial (o que é um jeito educado de dizer que a maioria das opções era intragável). Na Holanda, a princípio os queijos veganos disponíveis não eram nocivos à saúde nem continham muito sódio (graças às políticas alimentares europeias, que são bastante rigorosas), porém nos Estados Unidos incontáveis supermercados vendiam o equivalente a um disforme catarro congelado.

Em resposta, alguns cozinheiros veganos de várias partes do mundo passaram a produzir queijo de castanhas e cereais e a testar técnicas de envelhecimento e fermentação nas quais culturas de fungos e bactérias ácido-láticas realizam, em produtos como iogurte de soja, o mesmo trabalho que fariam na feitura de um queijo tradicional. Esses queijos veganos eram vendidos nas lojas em que eu fazia compras, e gostei muito dos que experimentei. Não apenas o sabor era bom, como eles eram feitos com ótimos ingredientes e eram nutricionalmente mais ricos do que queijos de leite animal. Por outro lado, eram relativamente caros devido ao processo laborioso e demorado. Um grupo mais numeroso de queijeiros veganos se lançou na tentativa de tornar o processo de "queijaria" mais rápido e barato; para tanto, usavam processos químicos e aditivos, estes nada saudáveis nem saborosos, ou então usavam como ingrediente principal o óleo de coco, que é rico em gorduras saturadas. Algumas marcas maiores conseguiram manter preços mais baixos, mesmo usando apenas matéria-prima de qualidade; ainda assim, nos supermercados da Filadélfia, muitos dos queijos artificiais que eu via para vender tinham aparência — e gosto — de plástico. Isso quer dizer que a comida vegana não é saudável?

Sim. Ou melhor, é tão saudável ou não saudável quanto a não vegana. Tudo depende de quanto você come, do que come e de como prepara o que come. A comida vegana pode te nutrir ou te adoecer. Pode ser medicamento ou veneno. Pode te deixar chapado. Pode ser um inimigo ou um aliado. Com isso em mente, lanço um enigma: o que explica o fato de que a maioria dos veganos é *sim* mais sadia do que os comedores de animais?

O enigma do vegano saudável

Passar de uma alimentação tipicamente ocidental para uma vegana significa obrigatoriamente duas coisas: (1) você para de comer carne e quaisquer outros produtos de origem animal; (2) você vai ouvir de todos os comedores de animais em seu entorno que cedo ou tarde ficará doente ou morrerá por falta de nutrientes.

Em meus primeiros anos de universitária, quando levava uma vida à base de cachorro-quente, sanduíche de Nutella, biscoitos, Coca-Cola e vinho barato, ninguém próximo a mim jamais me perguntou se eu estava ingerindo as vitaminas e os minerais necessários. Entretanto, quando me tornei vegana, aos 30, passei a receber constantes perguntas e conselhos bem-intencionados sobre minha saúde. Estava consumindo a quantidade recomendada de cálcio? De proteína? De ferro? De vitamina B? Não é melhor tomar algum suplemento vitamínico, só pra garantir? Fazer exame de sangue uma vez por mês? "Você *precisa* fazer lavagem intestinal de vez em quando", recomendou a secretária do lugar em que eu trabalhava, já que era bom para "eliminar as toxinas" do meu corpo, as quais, ela garantiu, teriam sido absorvidas por laticínios. Esse tipo de conselho se torna ainda mais digno de nota tendo em vista que a maioria absoluta dos estudos mostra que os veganos são, em geral, mais sadios do que os não veganos. Muitos desses estudos chegaram à conclusão de que, em comparação a uma alimentação que contenha produtos de origem animal, a vegana é mais rica em fibras, antioxidantes, potássio, magnésio, ácido fólico e vitaminas A, C e E. Estou falando de estudos feitos com muitos participantes e em diferentes países, por longos períodos de tempo, ensaios clínicos randomizados e controlados, cujos resultados estão publicados em periódicos acadêmicos revisados por pares — termos intimidadores que querem dizer que tais estudos são considerados amplamente confiáveis e válidos. Todos os argumentos que usei neste capítulo são baseados em estudos afins, estudos "apropriados"; conscientemente desconsiderei aqueles de metodologia confusa ou mal explicada. Também desconsiderei os "estudos sobre saúde" financiados pelas indústrias da carne e do leite, ou por autointitulados nutricionistas, ou, embora menos comuns, por indivíduos que atuam pelos direitos animais ou em organizações veganas. Estes estudos não teriam sido úteis para compor um capítulo honesto e informativo sobre a relação entre veganismo e saúde; eles me ajudaram, contudo, a formular um pensamento que pode servir de conselho profissional: se algum dia você pensar em mudar de carreira, considere fazer pesquisa na área de saúde ou trabalhar na indústria da dieta — há muito trabalho a ser feito nesses setores (e muito dinheiro rolando também).

Cobaias *versus* seres humanos

Então, há o consenso entre os pesquisadores de que a alimentação vegana padrão reduz o risco de câncer de próstata, mama e intestino. Em primeiro lugar, porque veganos não ingerem carnes processadas ou conservadas nem carne vermelha, cujo consumo regular aumenta a chance de desenvolver câncer de cólon, segundo a Organização Mundial da Saúde (OMS).[29]

A segunda explicação para o fato de que a alimentação vegana diminui a ocorrência de vários tipos de câncer é que ela tende a ser composta de muitos alimentos com o potencial de prevenir essa doença. Em geral, os veganos ingerem mais legumes, frutas e verduras em comparação aos não veganos, pois precisam preencher os espaços do prato que ficaram vazios. Não há mais ovos no café da manhã, não há mais copo de leite no lanche da tarde, nem *pepperoni* na pizza, nem carne para acompanhar as batatas. Se um vegano novinho em folha substituir esses itens por alimentos in *natura* e "integrais", sua nova alimentação inevitavelmente consistirá de cereais, frutas, legumes, leguminosas, castanhas e sementes, e a ciência já comprovou que consumir pelo menos sete porções de frutas e legumes por dia reduz significativamente o risco de morrer de certas formas de câncer.[30]

Há ainda uma terceira razão para os veganos demorarem mais para desenvolver câncer e serem menos propensos a morrer da doença, que é a presença, em sua alimentação, de mais produtos de soja, que previnem câncer de mama.[31]

(É possível que você já tenha lido que, ao contrário, a soja causa câncer. Trata-se de um persistente mito que surgiu da descoberta, em um estudo, de que ratos que haviam sido alimentados com grandes quantidades de soja apresentavam maior propensão a desenvolver câncer de mama. O fato foi noticiado por inúmeros jornais, o que gerou uma resistência geral à soja. No entanto, estudos posteriores mostraram que, para seres humanos, o efeito é oposto: o consumo diário de 2 a 3 porções de produtos de soja, como tofu, diminui a chance de ter certos tipos de câncer de mama. Mais ainda, os estudos demonstraram que a ingestão de produtos de soja aumenta a chance de sobrevivência de mulheres diagnosticadas com a doença.[32] As gritantes discrepâncias entre os achados dos estudos que usaram cobaias e aqueles que usaram participantes humanos se devem a que o metabolismo dos roedores processa a soja de modo muito diferente do metabolismo humano — só que essa informação os jornais não publicaram, pelo jeito.)

Mais boas-novas para os veganos: estudos que compararam veganos a vegetarianos e comedores de animais indicaram que os primeiros têm 75% menos chance de apresentar pressão alta e 42% menos chance de morrer em decorrência de doença cardíaca.[33] Novamente, os cientistas acreditam que isso se deve à maior ingestão de frutas frescas, legumes, verduras e, portanto, de fibras — alimentos que não contêm a gordura trans que faz tão mal ao corpo. Diversos estudos também demonstraram que a alimentação vegana ocasiona níveis mais baixos de açúcar no sangue, de colesterol LDL (um grande fator de risco de doenças vasculares) e de colesterol total. Uma alimentação vegana, assim como a dieta chamada de Low Carb High Fat (LCHF), na qual se comem produtos de origem animal e bastante gordura porém pouco ou nenhum carboidrato, é excepcional para controlar e reduzir o nível de açúcar no sangue.[34] O coração agradece: pressão sanguínea, colesterol e glicemia baixos podem diminuir em até 46% o risco de doenças cardíacas.[35] A última notícia animadora para os veganos é que comer comida in natura e integral reduz em 50% a 78% o risco de desenvolver diabetes do tipo 2 em comparação com quem come carne.

Dois grandes poréns

Veganos, talvez seja melhor baixar o facho, pois vou comentar dois importantes poréns e jogar um balde de água fria nessa animação plant-based.

Grande porém número 1: muitos dos achados positivos obtidos nos estudos mencionados podem ser parcialmente explicados pelo estilo de vida dos participantes, e não apenas pela dieta. De fato, em diversos dos estudos, os resultados dos exames de sangue de indivíduos que levavam um estilo de vida vegano se comparavam aos de comedores de animais e de vegetarianos. Mas e se for o caso de que uma considerável parcela dos participantes veganos — porém não dos demais participantes — praticava hábitos igualmente considerados saudáveis para humanos, como exercitar-se com regularidade, meditar, não ingerir açúcar nem álcool em excesso, ou qualquer outro? E se residir nesses hábitos, e não na porção de vegetais colocada no prato, nem na reduzida quantidade de proteína animal, a explicação para a menor incidência de doenças em veganos na comparação com não veganos?

Jamais saberemos com certeza. Eu reasseguro que os estudos que mencionei são confiáveis pelos parâmetros científicos, o que nos permite deduzir que suas conclusões não são absurdas. Ao mesmo tempo, são demasiado limitados para decifrar algo tão complexo quanto a saúde humana. E não porque o trabalho dos cientistas seja falho, mas porque é simplesmente impossível realizar um estudo que leve em conta a totalidade dos hábitos de vida e das circunstâncias de cada participante. Ademais, o estudo teria de abranger a vida inteira dos participantes — para que os pesquisadores pudessem observar e analisar os efeitos de longo prazo dos comportamentos mais antigos assim como dos mais recentes — e ter como base de partida alguma medição — tanto melhor se fossem os resultados dos exames de sangue anteriores à transição ao veganismo. Só que tais resultados se refeririam a um tempo em que os pesquisadores ainda eram imberbes calouros na universidade e em que os participantes viviam à base de biscoitos e cachorros-quentes.

Segurem-se na cadeira, veganos, pois aí vem o grande porém número 2: deficiência de vitamina B12. Ao que parece, parte daquela preocupação alheia comigo era justificada. Você pode, sim, sofrer de deficiência de vitamina B12 por ser vegano, e nós não queremos isso. A B12 é vital para o metabolismo: ela ajuda na proteção das células cerebrais e tem um importante papel na transformação de carboidratos, gorduras e proteínas em energia. Uma deficiência prologada de vitamina B12, para além dos problemas físicos, pode comprometer o bem-estar mental a longo prazo.

A sabedoria popular diz que a B12 é encontrada apenas em produtos de origem animal como carne vermelha, peixe e leite, daí vem a conhecida orientação para que veganos a reponham na forma de comprimidos ou ingerindo substitutos de carne reforçados de vitamina B. Essa orientação é perfeitamente válida, porém a sabedoria popular neste caso não é 100% precisa, já que a B12 é produzida também por certas bactérias e fungos. Ela pode ser encontrada em fontes de água, na terra, em animais e, portanto, em nosso próprio corpo. Se não quer ingerir produtos de origem animal, você pode, em teoria, levar sua garrafinha até um lago e enchê-la para obter a dose diária da vitamina. Adicione duas porções da lama e pronto... você acabou de pegar alguma doença causada pelas bactérias menos benéficas que engoliu junto.

Nem tampouco dá para contar com a possibilidade de produzir a própria B12, pois ela fica armazenada numa parte do intestino que não permite sua plena absorção. Sendo assim, o ser humano depende de fontes externas para obtê-la, as quais podem tomar a forma de produtos de origem animal, de uma poça de lama, mas também podem ser encontradas, de acordo com nutricionistas, em vegetais como algas e em alimentos fermentados, isto é, alimentos que passaram por um processo em que bactérias, fungos ou leveduras transformaram as substâncias de um produto em um novo produto, com acidez, sabor, cheiro e aparência diferentes. A gente usa fermentação na fabricação de cerveja belga, por exemplo; o *tempeh*, um bloco compacto de soja que tem enormes quantidades de proteína, além de ferro, cálcio, magnésio e vitaminas do complexo B, também é produzido por esse processo. Em teoria, novamente, seria possível obter a dose diária de B12 pela ingestão de produtos vegetais, mas a prática se mostra mais complicada.

Para mencionar um problema: nosso intestino não é capaz de converter a B12 disponível em produtos vegetais (como algas) em sua forma ativa, aquela que é mais propícia para nós. A quantidade desse tipo de alimento que é preciso consumir para obter a porção necessária de B12, assim como a capacidade do sistema digestivo de digeri-la, é questão que carece de análise mais convincente.

Quanto às cervejas que contêm B12, há outro problema: cervejas acondicionadas em garrafa, às quais se adiciona levedura ao final do processo de fermentação, de fato contêm uma considerável quantidade de vitamina B12; no entanto, a ingestão de álcool aumenta o uso de vitamina B nos humanos, de modo que os efeitos se anulam. E o *tempeh*? Bem, depende. Aquele produzido tradicionalmente em países como a Indonésia costuma ter bastante B12, ao passo que o feito em fábricas ocidentais pode não contê-la.[36] Isso talvez tenha a ver com a escassez de bactérias produtoras de B12 nas fábricas de *tempeh* neste lado do mundo — um pequeno efeito colateral negativo dos protocolos de higiene.

O conselho das organizações vegetarianas, da Associação Vegana Holandesa e dos médicos permanece o mesmo: se você é ou pretende se tornar vegano, faça exames de sangue para saber se seu corpo absorve adequadamente as vitaminas e minerais dos alimentos e suplemente a alimentação com uma pequena dose de B12 algumas vezes por semana. (É algo complicado de explicar, mas, em resumo, quanto maior for a dosagem de B12 no suplemento, menor será a quantidade absorvida, de sorte que a melhor solução é ingerir uma dosagem menor porém com uma frequência maior, em vez de uma grande dosagem aqui e acolá.)

Grogue na Groenlândia

Tenho seguido meticulosamente esse conselho há uns meses, porém menos por achar que preciso de fato, e mais por excesso de cuidado e para deixar as pessoas próximas tranquilas. Já fiz muitos exames de sangue na vida, e houve uma única ocasião em que fui diagnosticada com deficiência de vitamina B12: após um trabalho de campo na Groenlândia, onde sobrevivi à base de... carne vermelha, peixe e sangue animal.

Durante aquela pesquisa antropológica sobre as consequências da mudança climática para os caçadores indígenas na Groenlândia, me alimentei do que havia à mão, o que não era muito (renunciei temporariamente ao vegetarianismo por razões de saúde e também para me integrar melhor aos groenlandeses). Tinha acabado de completar 20 anos e estava realizando a pesquisa sozinha. O vilarejo em que passei seis meses se situava em uma pequena ilha no Atlântico Norte e possuía uma população de mais ou menos 80 caçadores, entre homens e mulheres. Me hospedei em uma cabana de madeira que estava desocupada havia anos porque os locais consideravam seu isolamento ruim — era fria demais. Era a época do inverno: o Sol ficava meses sem dar as caras, e a temperatura variava entre –10 e –30°C.

Como meus vizinhos groenlandeses, comi parcamente naqueles meses — por causa do frio, que demandava do meu corpo uma energia extra, eu com frequência passava fome. As caçadas da temporada não foram tão fecundas, e logo as prateleiras dos armazéns ficaram vazias. De vez em quando uma ave era abatida, ou alguém me oferecia sopa de sangue de foca, mais raramente eu e os locais compartilhávamos carne de baleia curada.

Com o passar dos meses, as idas matinais a um buraco feito no gelo para buscar água foram se tornando cada vez mais penosas; a certa altura, eu não tinha força para erguer suficientemente a bota sobre a neve funda e muitas vezes caía de cara. A jaqueta impermeável se tornou insuficiente para me manter aquecida, mesmo dentro da cabana; quando o vento açoitava a madeira e soprava neve pelas fendas, eu tremia incontrolavelmente. Não parava de pensar em comida.

Ao fim do trabalho de campo, estava exaurida, extremamente magra, sofrendo de queda de cabelo, de episódios constantes de confusão mental e tontura, minha mente era uma peneira. Os exames de sangue acusaram deficiência de vitamina B12, a qual, segundo o médico que aplicou mensalmente a injeção na minha nádega esquerda, não fora causada por privação de produtos de origem animal, mas de comida, ponto.

Mais tarde, viria a saber pela minha pesquisa que uma alimentação variada, em quantidade suficiente, deve fornecer a vitamina B12 necessária, proveniente, em parte, das bactérias e fungos encontrados nos próprios alimentos e, em parte, das vitaminas do complexo B presentes em pequenas quantidades numa multiplicidade de comidas. Isso vale para uma alimentação que inclua carne e também para uma alimentação plant-based, desde que, de novo, ela seja suficiente e variada e ocasionalmente prime por potenciais bombas de B12. No meu caso, embora houvesse consumido produtos de origem animal repletos da vitamina, não tinha ingerido o suficiente de nada...

Tomei conhecimento também de que a deficiência de B12 é rara entre veganos (mesmo entre aqueles que teimam em não suplementá-la) e entre vegetarianos e comedores de carne. É comum, contudo, entre indivíduos que tomam certos medicamentos, pessoas que apresentam distúrbio alimentar, indivíduos hospitalizados e idosos residentes em instituições de longa permanência. Estes dois últimos grupos em geral apresentam baixo apetite (ou então recebem uma comida tão salgada, gordurosa ou sem graça que o desejo de comer desaparece de forma imediata) e, por isso, não se alimentam o bastante.

O conselho a seguir vale para absolutamente todos os grupos, inclusive veganos saudáveis: tome suplementos, ou coma hambúrgueres veganos ou outros produtos prontos que levem adição de B12. Uma deficiência de vitamina não é nada divertida, eu bem sei...

Proteína

De todas as perguntas comumente feitas a veganos, a que ocupa o topo da lista com certeza é: "Mas de onde você obtém sua proteína?". Na internet, circula entre os veganos um meme com o título "Formas como a proteína consome meu tempo"; abaixo, há um gráfico de pizza e uma legenda em que se lê: rosa significa "Tentando e falhando em obter a proteína necessária" e vermelho, "Explicando para as pessoas que é fácil de obter"... O gráfico é completamente vermelho.

Eu entendo a frustração dos veganos a esse respeito, assim como entendo a preocupação das demais pessoas. Como a vitamina B12, as proteínas são importantes ao extremo para a saúde. Elas, ou melhor, os aminoácidos de que são compostas, são os elementos constitutivos dos músculos, da pele, das enzimas e dos hormônios e são fundamentais para todos os tecidos do corpo. Sendo assim, a deficiência severa de proteínas é um grande problema... *nos países emergentes cuja população não se alimenta de forma adequada.*[37] Vou enfatizar: no Ocidente, deficiências de proteínas são raríssimas, a não ser entre a população idosa, enferma ou que não se alimenta o suficiente ou tem hábitos alimentares irregulares. A maioria dos alimentos contém proteína em maior ou menor quantidade, de sorte que em países prósperos não é difícil obter a quantia necessária (isto é, se a sua alimentação não consistir exclusivamente de biscoitos, cenoura e *chips* de batata). O consumo mínimo recomendado de proteína para o indivíduo médio ativo é 0,8 grama por quilo de peso corporal. Segundo pesquisadores da Universidade de Massachusetts Lowell, não há diferença entre obter a proteína de fontes animais ou de fontes vegetais, pois o efeito para a saúde é o mesmo.[38] Entretanto, as proteínas vegetais não são absorvidas com a mesma facilidade pelo corpo e perdem ligeiramente em termos de aminoácidos essenciais, de modo que, só para garantir, recomenda-se aos veganos ingerir um tanto a mais (0,9 grama) por quilo de peso. A prática de esportes de força e de resistência requer um consumo ainda maior: atletas de resistência necessitam de 1,2 a 1,4 grama por quilo de peso corporal e atletas de força, 1,4 a 1,9 grama.

Mais proteína se você pratica muitos esportes + mais proteína se você é vegano = ainda mais proteína se você é um vegano esportista. Não é tão complicado quanto se costuma pensar. Por exemplo, nos últimos meses, eu tenho me exercitado três ou quatro vezes por semana: pratico escalada nas modalidades *boulder* (um esporte de força e agilidade) e indoor (que combina força e resistência) e academia uma vez por semana (força); como peso por volta de 55 quilos, ainda que me considerasse parte do grupo de esportistas veganos mais devotados, precisaria de mais ou menos 100 gramas de proteína, o que é fácil de conseguir com uma dieta vegana. E de fato me sinto forte, bem condicionada e sadia.

Então, o que eu como para obter minha dose de proteína? A resposta é: leguminosas! Elas são riquíssimas em proteínas: 100 gramas de lentilhas cozidas têm 10 gramas de proteína; adicione uma porção de grão-de-bico em sua salada do almoço e estará adicionando 12 gramas de proteína; um punhado de amendoim (que tecnicamente é uma leguminosa, e não uma oleaginosa) equivale a mais 13 gramas de proteína. Um *shake* pós-treino vegano (feito com proteína de ervilha) é ótimo para ajudar a reconstruir os músculos. E a proteína também está presente na grande maioria dos alimentos "normais". O *tempeh*, aliás, tem bastante, uns 20 gramas por porção. Uma fatia de pão integral, uns 4 gramas; um pão árabe, quase 9 gramas. Uma tigela de aveia contém 9 gramas de proteína; uma porção de feijão-preto, 15 gramas. Quinoa e outros cereais como trigo-sarraceno oferecem 9 gramas a cada 100, tofu, 11 gramas, um punhado de amêndoas tem 21 gramas. Devore tudo e logo, logo você será uma #feravegana.

Dentes vegetarianos

Em verdade, é apenas lógico que os seres humanos vivam perfeitamente bem sem ingerir produtos de origem animal, até porque não fomos originalmente feitos para comer carne, como mostram estudos arqueológicos que examinaram em detalhes os dentes de hominídeos para averiguar o que eles comiam. A dentição do *Sahelanthropus*, por exemplo, indica que esse primata consumia vegetais fibrosos, além de sementes e oleaginosas. O *Sahelanthropus*, que parecia mais um macaco do que um humano, viveu há mais ou menos 7 milhões de anos.

Muitas gerações depois, os predecessores humanos continuavam se alimentando predominantemente de vegetais. A análise da dentição do *Australopithecus*, hominídeo que ocupou a África entre 3 e 4 milhões de anos atrás e se assemelhava ao ser humano moderno, mostra que sua alimentação era parecida com a dos chimpanzés: folhas, raízes de plantas, muitas frutas, flores, de vez em quando uma casca de árvore, mais raramente um punhado de insetos. Posterior, o *Homo erectus*, um ancestral dos humanos modernos, se alimentava de tubérculos ricos em amido, raízes, bulbos, frutas, legumes e sementes; seus dentes também pareciam adequados para mastigar plantas, porém não para despegar a carne do osso.[39] E isso não mudou. Abra o bocão em frente ao espelho e você vai verificar que seus dentes são bem parecidos com os de herbívoros como orangotangos: grandes molares e caninos embotados e reduzidos.

Imagine que você está há semanas sem comer direito (porque está fazendo um árduo trabalho de campo na Groenlândia, por exemplo, ou porque reside numa instituição de longa permanência cujo cozinheiro está um tanto desestimulado) e seu estômago ronca; ao percorrer uma rua, de repente avista uma vaca morta no chão. Se não possuir uma faca ou outra ferramenta pontiaguda para cortar a pele do animal, será um problema — seus dentes caninos atrofiados não serão de grande valia. E nós, humanos, não somos capazes de abrir o maxilar tanto quanto a maioria dos felinos e outros animais carnívoros. Ainda que conseguisse perfurar a pele (com as unhas ou o que quer que fosse), não seria a refeição mais prazerosa: a carne crua é dura e difícil de digerir.

As espécies humanas que se seguiram passaram a comer carne não graças, mas apesar dos dentes de herbívoro, e porque adaptaram ou criaram ferramentas. Por volta de 2,5 milhões de anos atrás, os hominídeos passaram a utilizar as pedras com que quebravam nozes para despegar a carne dos ossos. É provável que também as usassem para amassar o crânio de alguns animais aqui e ali antes de inventarem a lança, que facilitou bastante a caça. Mais tarde, inventamos o arco e a flecha, o revólver e, finalmente, aquela que talvez seja a mais letal arma criada pela raça humana: a domesticação de animais de produção, os quais são procriados, modificados geneticamente, asfixiados, eletrocutados e assassinados aos milhões, apenas para que possamos comê-los.

Uma ajudinha da evolução

De fato, mesmo antes da criação de armas, certos grupos de humanoides esporadicamente se alimentavam de carne, como aqueles que viviam em regiões com poucos vegetais comestíveis e abundância de animais. Os cientistas hoje creem que tais humanoides eram onívoros. É plausível pensar, além disso, que um hominídeo que se alimentasse predominantemente de plantas devorasse um filhote de macaco ou de pássaro que houvesse despencado de uma árvore. Entretanto, esse banquete lhe causaria uma terrível dor de estômago. O intestino humano não era, como não é, relativamente curto e liso como o de um felino ou outro carnívoro, e sim mais longo e estriado, perfeito para digerir alimentos ricos em fibras e pouco gordurosos, como frutas e legumes, e não tão bom para digerir carne, constituída em grande parte de gordura.

Só que a evolução aprontou das suas.

Conforme a alimentação humana foi se modificando geração após geração graças à criação de ferramentas e armas cada vez mais eficientes, nosso corpo se adaptou. O intestino dos primeiros hominídeos era próprio para digerir vegetais: apresentava um excelente apêndice, uma pequena bolsa no início do intestino grosso cheia de bactérias que auxiliavam na digestão das fibras de frutas, legumes e verduras. As plantas, especificamente, não são fáceis de digerir; embora não tenham osso, elas precisam de certa rigidez para crescer na direção da luz do sol, e é por isso que cada célula é envolta por uma parede celular, uma firme membrana que possibilita que as células se alinhem verticalmente, mais ou menos como uma torre. Para decompor essas membranas rígidas é que o herbívoro tem molares largos, que ajudam a moê-las, e um comprido intestino cheio de bactérias capazes de "demolir" as paredes celulares.

"Se um humano ancestral comesse a mesma quantidade de carne que ingere um estadunidense médio hoje", disse-me a jornalista científica Marta Zaraska, numa entrevista por Skype, "teria espasmos horríveis no intestino grosso, ficaria extremamente enjoado, com o estômago inchado e dolorido." Poderia até morrer.

Os pesquisadores entendem que o corpo do ser humano foi forçado a se adaptar ao consumo de carne à medida que ele fez uma transição lenta de uma alimentação basicamente composta de plantas a uma intermediária constituída de sementes e oleaginosas, até finalmente uma rica em carne. Não foi apenas a invenção de ferramentas que ocasionou essas transformações, mas também os períodos de mudança climática: em determinadas regiões, as chuvas rarearam, o que causou o rápido desaparecimento de diversas espécies de frutas e outros vegetais. Já as sementes e as oleaginosas continuaram disponíveis (em abundância); como elas têm poucas fibras e são ricas em gordura, é possível que nossos primeiros ancestrais tenham passado a comê-las com frequência, como creem os cientistas, e que esse fato tenha estimulado o desenvolvimento do intestino delgado (porção em que se dá a digestão de substâncias gordurosas) assim como o encolhimento do apêndice (onde ocorre a digestão de fibras), pavimentando o caminho para que nosso sistema digestório se tornasse apto a processar carne.

E a evolução não parou por aí: nas últimas centenas de anos, o ser humano não parou de se desenvolver rapidamente no sentido de se tornar cada vez mais apto a ingerir produtos de origem animal.

Gene do leite

Pesquisas recentes mostraram que, desde a Revolução Neolítica, o ser humano desenvolveu diversas variações genéticas para se adequar aos mutantes hábitos alimentares. Hoje em dia, há indivíduos que nascem com variantes de um gene que protege contra diabetes e auxilia na regulação da glicemia. Há também quem nasça com genes AMY1 a mais, os quais atuam na digestão do amido. Os habitantes do norte europeu quase todos nascem com um gene que facilita a digestão do leite na idade adulta, ao passo que a maioria dos seres humanos desenvolve intolerância à lactose nessa fase da vida.

A lactose é um açúcar presente no leite e seus derivados e é o que lhes confere o sabor levemente adocicado. Para digerir a lactose, é necessária uma enzima chamada de lactase, produzida nas paredes do intestino delgado. Um bebê saudável produz a quantidade certa de lactase para digerir o leite que recebe da mãe; após alguns meses de vida, a produção de lactase começa a decair gradualmente, e o bebê desenvolve dentes para ser capaz de comer alimentos sólidos e não mais depender do leite.[40] O mesmo ocorre com outros mamíferos: na natureza, o bezerro para de mamar aos 9 meses. Já um bezerro que nasce em uma fazenda leiteira é forçado a parar de beber o leite da mãe após poucas semanas do nascimento, uma vez que esse leite será destinado ao consumo humano. Já uma criança humana que nasça numa sociedade com forte presença da pecuária leiteira não demorará a passar das tetas da mãe para as de um animal — no copo de leite do café da manhã, no queijo de cabra do sanduíche do almoço, no iogurte do lanchinho.

No caso da Holanda, a consequência desse hábito é que apenas 5% dos holandeses são intolerantes à lactose, ao passo que na América do Sul, na África e na Ásia a maioria das pessoas não tolera a ingestão de leite. Japoneses e chineses, por exemplo, perdem 90% da capacidade de produzir lactase durante os primeiros três ou quatro anos de vida: se tomarem dois copões de leite, vão ter cólicas e dor de barriga.

Houve um tempo histórico em que todos os seres humanos adultos eram intolerantes à lactose; há 7.500 anos, não havia laticínios e os animais não tinham sido ultramodificados a ponto de gerar raças que ficam paradinhas enquanto são ordenhadas. Como não bebíamos leite, nosso corpo não produzia uma enzima específica para facilitar sua digestão. Da mesma forma que não costumávamos ter genes que digerem a carne... e agora temos.

Gene da carne

O professor universitário Caleb Finch, graduado em Yale e pós-graduado pela Universidade Rockefeller, é um nome de destaque nos temas de envelhecimento, saúde e doenças.[41] Ele queria saber por que os humanos vivem muito mais tempo do que os macacos, a despeito de ambos terem uma constituição genética similar. Após anos de pesquisa, Finch encontrou uma resposta: apolipoproteína E, ou, em termos mais leigos, o gene ApoE, que atua no transporte de substâncias gordurosas, como as presentes na carne, e também colabora no combate a infecções perigosas, inflamações e colesterol alto. Para Finch e outros cientistas, esse gene ajudou a nos tornar aptos a comer carne.

Um toque de mágica da evolução, certo? Exceto pelo fato de que há um lado obscuro do gene ApoE. Existem três variantes dele, e cada indivíduo nasce com diferentes versões: E2, E3 ou E4. Este último, o gene E4, é chamado de "adaptação à carne", pois surgiu num tempo em que os humanos já queriam ingerir carne, embora ainda não tivessem produzido o fogo nem o refrigerador; o gene contribuiu para que nossos ancestrais pudessem comer carne crua sem sofrer com a diarreia. No entanto, o mesmo gene provoca um envelhecimento acelerado, de modo que os indivíduos que o carregam morrem relativamente mais jovens.

Mas a evolução não deixa barato: alguns milhares de anos depois, passaram a nascer humanos com uma versão adaptada, melhorada do gene E4: o gene E3 (não ligue para o contrassenso dessa numeração; segundo me explicou o professor Finch, ela está relacionada à sequência de determinadas publicações). O que se sabe sobre o E3 é que ele não apenas atua na digestão de carne, como também aumenta a expectativa de vida.

O gene E3 é o mais comum. O E4 é encontrado em apenas 13% da população — pura falta de sorte, já que a expectativa de vida desses indivíduos é quatro anos menor e eles apresentam um risco maior de desenvolver doenças cardíacas e de Alzheimer. Se serve de consolo, seriam favoritíssimos numa competição de quem come mais carne estragada.

O fato de que seres humanos têm um gene especial para facilitar o processo de digestão da carne não significa, contudo, que *necessitam* de carne para sobreviver e prosperar. O mesmo vale para o leite; o sabor realmente é aprazível para a gente, e nosso corpo levou centenas de milhares de anos para aprender a digeri-lo, porém não é porque *conseguimos* comer que *fomos feitos* para comer. A gente digere algodão-doce que é uma beleza, mas não foi feito para comê-lo e nem precisa dele.

O que de fato necessitamos é de nutrientes essenciais como vitamina B12, proteínas e ácidos graxos bons. Uma alimentação vegana pobre pode provocar deficiências de nutrientes importantes, como também falta de ácidos graxos, ferro, cálcio, iodo ou zinco; o mesmo pode ser dito de uma alimentação carnista que seja desequilibrada. Tanto numa como na outra, nós precisamos dar um jeito de obter da comida os nutrientes essenciais.

Se, no século XXI, você vive em um vilarejo remoto na Groenlândia, não tem muita escolha senão obter seus nutrientes da carne de focas e baleias; se vive na Indonésia, pode passar muito bem com *tempeh* e tofu; e, se vive no Ocidente, pode obtê-los da combinação de vegetais, cereais, sementes e suplementos de B12.

Se é sua vontade chegar a ser um velhinho bem-disposto, eis o melhor conselho que posso dar: nasça com um gene E3, não consuma remédios que danifiquem o fígado, opte por uma alimentação plant-based rica em legumes, frutas, oleaginosas, sementes, cereais integrais e outros itens nutritivos, pratique atividades físicas, de preferência ao ar livre, jamais aceite ser internado num asilo onde vai comer refeições pré-preparadas, tome de vez em quando um suplemento de B12 ou coma substitutos de carne com adição da vitamina (mas não aqueles grotescos, por favor), e aí é só correr pro abraço. Ou então... Bem, a lavagem intestinal está aí para quem precisa.

Interlúdio
Uma excursão escolar ao matadouro

— Estão prontos? Todos vocês estão certos de que querem entrar? — grita a guia, num esforço para se fazer ouvir sobre o papo animado dos alunos. — Ótimo, então vamos. Aqui ficam as jaulas em que os porcos eram mantidos presos até o momento do abate.

Com as duas mãos, a líder do grupo empurra uma grande porta de metal, que se abre devagar. Atrás dela há uma enorme sala retangular com um teto alto. O lugar é escuro e frio e tem um cheiro predominante de bolor misturado ao que Syme identifica como desinfetante. Esta parte do museu é iluminada apenas pelos raios de luz que atravessam as estreitas janelas no topo. O meio do aposento é atravessado por uma passagem com menos de dois metros de largura, ladeada por centenas de chiqueiros que consistem de barras metálicas e solo de cimento.

Com alguma resistência, Syme e seus colegas começam a andar a passos lentos pelo caminho. Alguns conversam em voz baixa, um garoto está com máscara de oxigênio. Syme abre a grade de um dos compartimentos, entra e desenha um círculo com seu skate no perímetro do metal. Então era aqui que ficavam presos. Nessa etapa, tinham entre 4 e 7 meses de vida, ou então tinham simplesmente alcançado o peso certo na opinião dos comedores de animais.[42]

A guia bate palmas para atrair a atenção geral.

— Façam um círculo à minha volta, por favor! — diz animadamente. — Vou contar sobre este lugar.

É uma mulher de mais ou menos 40 anos, alta, com um cabelo loiro que se estende pelas costas inteiras. Syme quer saber seu nome; ela nem chegou a se apresentar. O garoto não consegue tirar os olhos dela.

— Isso que vocês veem pendurado na parede à esquerda são alicates de ferro que eram usados para cortar o rabo dos leitões, sem anestesia. Este é um dos últimos modelos, de 2017. Podem se aproximar para ver melhor, mas não toquem, por favor, pois é um dos poucos alicates remanescentes. A maioria foi destruída por ativistas após a Revolução da Proteína ou então pelos próprios criadores de porcos que não queriam lembrar da antiga profissão.

Alguns dos colegas de Syme se aglomeram diante da estranha ferramenta. Syme consegue enxergar bem dali onde está. O objeto é constituído de uma parte de plástico verde, provavelmente a empunhadura, e de um triângulo de metal, a lâmina.

— Ué — diz Jones, um dos alunos —, mas remover a cauda não foi proibido muito antes disso?

— Sim — explica a guia —, foi proibido na União Europeia 25 anos antes.[43] Eles sabiam perfeitamente que aparar o rabo sem anestesia causava uma dor horrível. Afinal, estavam cortando um pedaço de músculo que contém uma infinidade de terminações nervosas.

Pelo relógio, Syme aumenta ligeiramente a temperatura de sua roupa; não sabe se o frio repentino que sentiu foi provocado pela informação da guia ou pelo lugar escuro e úmido.

— Entretanto, quase todos os criadores de porcos se escoravam em alguma cláusula de exceção — continuou a guia —, e o governo carnista fazia vista grossa. Oficialmente, só era permitido amputar o rabo de um leitão se não houvesse outro meio de evitar que ele mordesse a própria cauda... Isso podia ser feito reconfigurando as baias ou oferecendo aos porcos um pouco de palha para mordiscar. Porém, não era o que acontecia aqui na Holanda. Como os porcos eram mantidos aos milhares em chiqueiros de concreto, sem brinquedos nem outros estímulos como a palha, ficavam entediados e mordiam o rabo uns dos outros, o que causava infecções neles e perda de dinheiro para os criadores, já que era proibido vender a carne de animais contaminados.[44] Por isso, 99% dos leitões tinham o rabo cortado.

Os pensamentos de Syme foram transportados para o vídeo que a família às vezes projetava da Vó Julia com o porco de estimação. Irmão Porco, ou Porquinho, como ele era carinhosamente apelidado, tinha sido levado para a casa dos avós após ser resgatado de um abatedouro. Nos primeiros tempos depois da Revolução da Proteína, quase todo mundo adotou um animal resgatado de alguma fazenda, e porcos eram especialmente adorados por serem sociáveis e aprenderem truques.[45] Porquinho trazia a bolinha de volta, dava a "patinha" e saía para passear de coleira; às vezes, até dormia na cama com os donos e sentava com eles no sofá. Quando Syme ouvia as histórias de Porquinho, uma parte do garoto lamentava não poder ter um animal de estimação em casa; devia ser bem legal ter um porco ou um gato como companheiro. Por outro lado, o Senhor Charrington, o cão-robô da família, sabe muito mais truques do que Porquinho, praticamente não demanda cuidado e jamais morrerá (isto é, se ninguém desligá-lo).

— O que são aquelas coisas? — indaga um dos colegas de Syme. Ele está com a cabeça voltada para cima e tem um dedo em riste na direção do telhado do museu, onde aqui e ali se veem uns bicos de metal. — São os chuveiros que soltam gás?

— Não — responde a guia —, são pulverizadores de água, serviam para limpar os porcos para o abate. Porcos não eram asfixiados com gás; isso acontecia com os pintos machos, que também podiam ser degolados ou moídos. Com porcos e vacas, os comedores de animais usavam um método de atordoamento e depois cortavam sua jugular. Se o atordoamento fizesse efeito, ok; se não, eles matavam assim mesmo.

Por um momento, o olhar da guia se desvia e se perde em algum ponto atrás de Syme, e ela fica em silêncio. Então, sacode quase imperceptivelmente a cabeça e pisca os olhos. Quando volta a falar, sua voz parece não ter o mesmo ânimo:

— Se não houver mais perguntas, vamos seguir para a trilhagem aérea, onde os porcos eram presos a ganchos para dessangrar, e depois vocês vão ver também os tanques de água quente em que eles eram mergulhados para facilitar a remoção dos pelos. Você aí no fundo, o garoto com o cabelo ruivo, você tem uma pergunta?

Syme se eleva com o skate de modo que sua cabeça assome acima dos colegas.

— Quantos... — sua voz falha, e ele pigarreia — ... quantos eram mortos por ano?

A mulher faz um gesto de cabeça como se esperasse por aquela pergunta.

— Galinhas ou porcos?

— Os dois — diz Syme, em dúvida se realmente quer saber a resposta. Seu rosto está rubro, o coração bate acelerado.

— Na Holanda, a indústria do ovo explorava 30 milhões de galinhas a cada dia.[46] Lembrem-se que este país já foi o maior exportador de ovos do mundo, então não faltava trabalho para os abatedouros. Além disso, matávamos 1,5 milhão de galinhas para a indústria da carne; neste caso, eram frangos de corte com 6 semanas a 1 ano de vida, mas também galinhas poedeiras. Quanto aos porcos... no auge do carnismo na Holanda, em 2018, mais ou menos 16 milhões eram mortos anualmente.[47] Nesta fazenda de criação em que estamos, os comedores de animais matavam por volta de 45 mil porcos todo dia. A maioria, bebês, com poucos meses de vida, dependendo do tempo que levavam para alcançar o peso certo.

A guia enumera os fatos um na sequência do outro, sem hesitar, sem tropeçar nas palavras. Deve ter de repetir o discurso pelo menos três vezes por dia, pensa Syme, para outras turmas escolares, para excursões corporativas, turistas. Antes ela do que ele. A mulher continua:

— O momento do abate não era determinado pela idade do porco, mas pelo peso. A velocidade com que os porcos ganhavam peso foi aumentando rapidamente graças às técnicas de procriação. Em 2013, o peso médio de um porco para abate era de 93 quilos; em 2017, já era de 96 quilos.[48] — Ela lança um sorriso reconfortante para Syme. — A quantidade de porcos abatidos aqui ainda era pequena em comparação à dos Estados Unidos, onde 112 milhões eram mortos por ano.

A guia abre uma porta ao fim da fileira de chiqueiros, a qual dá acesso a um aposento muito mais iluminado. Toda a extensão da parede é ocupada por um andaime da altura de um adolescente, no qual, a cada metro, há algo semelhante a um cabide de roupa.

— Aqui era o abatedouro de fato — continua a mulher, conforme os alunos se reúnem ao redor dela — e consistia de duas partes completamente separadas, embora talvez seja difícil visualizar isso com o espaço vazio. No passado, nesta parte em que estamos agora, haveria trabalhadores de macacão azul andando para lá e para cá. Aqui os porcos eram abatidos, dessangrados e despelados. Lá no fundo, o acesso era permitido apenas a trabalhadores que vestiam macacão branco. Aquela era a chamada área limpa, onde os porcos já mortos tinham as tripas retiradas e eram cortados em pedaços.

Syme fita o chão, impecavelmente limpo. Ainda assim, ele se sente aliviado por ter vindo com seu skate e não precisar tocar aquele piso com a sola de seus tênis.

O dedo indicador da guia traça um círculo no ar.

— Estão vendo os ganchos? Os porcos eram pendurados neles pelas patas traseiras para sangrar.

Ela pressiona um botão na parede, e a trilhagem aérea começa a se mover com um ruído alto. Syme se desvia rapidamente de um gancho que parece vir na direção de seu rosto.

A guia grita por sobre o barulho da máquina:

— Como vocês podem imaginar, não era um trabalho fácil para os funcionários do abatedouro. Hoje sabemos que a maioria acabava se acostumando com o sangue e os gritos de sofrimento dos porcos, acabava se anestesiando, a ponto de achar o trabalho entediante. Mas era de fato um trabalho muito penoso mentalmente e também fisicamente. A cada hora, 650 porcos eram abatidos e cortados, ou seja, era uma operação a toque de caixa. Erguer pelas patas um animal de 100 quilos e degolá-lo não era tarefa simples, ainda mais fazendo às pressas, e às vezes dava errado e o porco tinha que ser abatido manualmente, ou então se debateria no gancho até terminar de sangrar. Não sabemos com certeza com que frequência se falhava em matar os porcos de primeira, porque a indústria fazia de tudo para evitar que essas estatísticas fossem divulgadas; no entanto, sabemos por denúncias anônimas de ex-funcionários dos abatedouros que 1% seria uma estimativa bem conservadora.

Isso equivale a mais de seis por hora, Syme calcula mentalmente. Quarenta e cinco mil por ano. O garoto sente uma tontura súbita e estica o braço para se escorar na parede, porém logo o retrai — não quer tocar em nada, ainda que a alvenaria tenha sido meticulosamente limpa após o último turno.

— O trabalho, além de tudo, era extremamente mal remunerado. Muitos dos funcionários eram provenientes da Polônia ou de Cabo Verde e recebiam 10 euros por hora, o que dá 2 cryptos atualmente. — A guia desliga a trilhagem aérea. — Chegamos ao fim da excursão. A não ser que alguém queira conhecer o recipiente de escaldagem, onde as carcaças eram mergulhadas, ou o frigorífico, onde as peças eram cortadas e embaladas para venda. Alguém?

Syme olha inquietamente em volta, mas, para sua surpresa, boa parte dos colegas já está se dirigindo à saída.

— Não? Viram o suficiente? Ótimo, então tenho uma última pergunta para todos vocês. Quem aqui tem na família ex-criadores de animais ou açougueiros?

Os jovens que já haviam alcançado a saída se detêm e giram sobre os calcanhares. Não se ouve um pio. A um canto, Syme prende a respiração e olha para o lado. A poucos metros, está Parsons; todo mundo sabe que os avós do garoto tinham uma fazenda de galinhas. De cabeça baixa, Parsons ergue a mão direita.

— Obrigado por se manifestar. E quem tem avós que fizeram parte do contramovimento?

Até onde Syme sabia, o contramovimento fora formado por um grupo relativamente pequeno porém obstinado de comedores de animais que tentaram por muito tempo impedir a Revolução da Proteína. Seus membros eram geralmente ligados às indústrias da carne e do leite, aos órgãos de vigilância sanitária, ou então a políticos carnistas que tinham uma ligação estreita com o setor de alimentos de origem animal. Em conjunto, tentaram por anos revogar os impostos sobre carne e leite e obstruir de diversas maneiras a transição para um sistema econômico alimentar plant-based. Eles lograram que o Tribunal de Justiça da União Europeia proibisse chamar de "leite" os leites de soja e de amêndoas, sob o argumento de que poderia causar confusão entre os consumidores. Somente produtos que de fato eram de origem animal podiam ser designados como leite, manteiga, queijo, creme e iogurte; o mesmo ocorreu com nomenclaturas relacionadas à carne, como "linguiça".[49] Somente anos mais tarde, quando a mãe de Syme já estava grávida dele, é que o tribunal reverteu completamente a decisão: desse ponto em diante, os produtos de origem vegetal se tornaram a praxe, e passou a ser obrigatório informar claramente na embalagem se algum animal havia sido morto na fabricação do produto.

O contramovimento também divulgou dezenas de relatórios falsos que afirmavam que a morte de certos veganos muito conhecidos fora causada por deficiências nutricionais. Ainda produziu um documentário para alertar que, sem a carne da pecuária de exploração, haveria um desabastecimento de comida e uma crise de fome globais. Facções mais radicais foram condenadas por atos de violência, a exemplo dos pecuaristas norte-americanos que atacaram os funcionários de uma fábrica de leite vegetal, ou o grupo terrorista que em 2025 explodiu uma bomba no banheiro de uma unidade muito popular do McDonald's após a rede anunciar que substituiria os hambúrgueres de carne por hambúrgueres vegetais, sendo o McGrilo a única opção "carnívora" restante.[50]

— Meu avô — admite Jones, a garota ao lado de Syme.

Um garoto que se acha próximo à saída levanta a mão hesitante.

— É extremamente importante — começa a guia num tom de voz acolhedor — sublinhar que vocês não têm culpa nenhuma e que mesmo os seus avós não podem ser inteiramente responsabilizados. O mundo era diferente, as pessoas pensavam de um jeito diferente e não tinham o mesmo nível de informação que temos hoje. Elas não conheciam outra realidade.

Syme começa a ouvir um burburinho entre os colegas.

A guia respira fundo e ergue ligeiramente o queixo.

— Os meus avós, os Goldstein, eram os donos deste matadouro e decidiram por vontade própria fechá-lo quando a Revolução da Proteína começou — fala com seriedade. — Entretanto, meu pai, Emmanuel, se opôs a essa decisão e foi um membro destacado do contramovimento.

Um silêncio absoluto recai sobre o aposento. Syme bamboleia sobre o skate, suas pernas de repente parecem gelatina. Não esperava isso dela. Não que faça alguma diferença, claro: ela não responde por sua família, e não dá para saber só de olhar se uma pessoa é comedora de carne ou vegana.

— Quando tinha a idade de vocês, eu sentia vergonha — continua a mulher. — Mas hoje tenho a consciência de que meus pais e os pais deles não eram mais responsáveis do que as pessoas que cozinhavam e comiam os porcos que eles matavam. Os porcos, as galinhas, as vacas, as cabras. Vocês concordam?

— Sim — murmura Syme, e os colegas assentem unanimemente.

Syme nota que Parsons está esfregando os olhos.

— Ótimo — diz a guia. — Gostaria de agradecer profundamente a atenção de vocês durante a excursão. Para todos que precisarem, há um serviço virtual de atendimento psicológico, e ainda vamos bater um papo no refeitório, onde um caldo de legumes com almôndega de cogumelo e um copo de leite vegetal já esperam por vocês.

7
É a lei, idiota!

Assim como podemos dizer que comer é um ato político, podemos dizer que a lei é a manifestação de uma convicção — uma convicção profunda sobre o significado da condição humana e da condição animal. Sobre o conceito de dor e de sofrimento. Sobre o que é adequado, justo, "certo", e o que não é. A lei é uma espécie de Bíblia alternativa que, em vez de celebrar a crença num deus todo-poderoso do qual emana toda a bondade, celebra a convicção na humanidade como fonte dela.

Neste capítulo, vou mostrar que as leis — e consequentemente nossas convicções sobre a humanidade — estabeleceram e estabelecem a licença que nos concedemos não apenas para utilizar e comer animais, mas também para usá-los vivos como cobaias, aprisioná-los à força em zoológicos e aquários e alterar a nosso bel-prazer sua aparência e sua genética. Por outro lado, você tomará conhecimento também de que recentemente a diferenciação filosófica que fazemos entre humanos e animais começou a se transformar de forma radical, e não demorará para que essa mudança se manifeste nas leis.

Mas não se anime muito, afinal o que sempre determinou quais convicções são resguardadas por lei e quais são punidas não foi o conhecimento, e sim a autoridade. As autoridades que decidem as leis são políticos, servidores públicos, filósofos e cientistas, os quais formam um clube de presunçosos "deuses" bípedes geralmente reconhecíveis pelo terno preto ou jaleco branco. São eles que fazem as leis que tratam dos indivíduos e dos animais, leis que por séculos se sustentaram sobre uma convicção tão popular quanto questionável: seres humanos são sujeitos — um "eu" consciente —, ao passo que animais são objetos — uma coisa.

Debate filosófico

Essa concepção filosófica foi lançada na Idade Média pelo teólogo Tomás de Aquino e, mais tarde, repercutida por influentes pensadores como Immanuel Kant, no século XVIII. Tomás de Aquino julgava que os animais não eram dotados de livre-arbítrio por serem escravos do ambiente e que, sendo assim, existiam na condição de utensílios, isto é, não possuíam uma existência própria, mas serviam a outros. Para o filósofo, o ser humano possuía livre-arbítrio graças à inteligência, e por isso mesmo os animais eram inferiores aos humanos. A visão de Kant era muito parecida; mais especificamente, ele compreendia que a autonomia era uma faculdade exclusivamente humana, uma vez que os animais não tinham capacidade de autoconsciência nem de racionalidade e, portanto, eram meros recursos a serem usados segundo a vontade do homem. A ideia dos animais como utensílios é predominante em toda a história do cristianismo e, assim, profundamente enraizada na cultura ocidental.

Uma ideia que nunca deixou de ser contestada, porém. São Francisco de Assis considerava de enorme arrogância a crença de que as demais formas de vida haviam sido colocadas na Terra para serem utilizadas pelo homem. Ele defendia que a função de um animal era determinada pelos desígnios divinos, e não pelos propósitos humanos, de modo que os animais mereciam um tratamento igualitário. O filósofo Rousseau, no século XVIII, argumentava que os animais deveriam ser bem tratados, pois eram seres sensíveis e em muitos aspectos similares ao homem. Se não trataríamos mal a outros humanos, por que o faríamos com seres tão parecidos conosco? Após formular sua teoria, Rousseau decidiu não mais dar ordens a seu cão e passou a considerar alienante a ideia de que "humanos superiores" agissem como senhores dos animais.

Mas o mais combativo oponente da crença de que o animal é um objeto para ser usado pelo homem foi o filósofo e jurista Jeremy Bentham (1748-1832), para quem não era a capacidade de formular pensamentos lógicos, e sim a de sentir dor, que deveria servir de critério para determinar o tratamento a ser dado aos animais. Se o critério para tratar bem um ser vivo fosse a capacidade de pensar logicamente, então os bebês e os indivíduos com deficiência intelectual seriam coisas, objetos. Pensadores posteriores dos direitos animais, como Peter Singer e Tom Regan, extrapolaram essa concepção para defender que a pecuária de exploração, a caça e o uso de animais em laboratório deveriam parar, pois as necessidades humanas não legitimam o sofrimento animal.

Porém, suas alegações não tiveram muito efeito sobre as divindades do direito, do que resulta a persistência em nossas leis da noção antiquada de animais como utensílios. Isto é, animais não são considerados personalidades jurídicas e, na medida em que são objetos, coisas, não têm deveres nem direitos legais.

Em geral, o indivíduo que reflete um pouco mais detidamente sobre o tema começa a encontrar falhas nessa lógica, pois intui que falta algo à lei. Não há dúvida de que uma vaca é diferente de uma cadeira, certo? Se você tentar sentar em cima de uma vaca, ela ou vai se afastar ou vai lançá-lo longe com um coice: é a prova de que, diferentemente de uma cadeira, a vaca está viva, pulsante, que gosta de certas coisas e desgosta de outras, que tem vontade própria. E a lei diz que uma vaca não tem existência legal, que ela, portanto, não pode decidir sobre o direito de outro ser de sentar em suas costas. Tal decisão cabe a seu dono. Similarmente, ela não pode decidir sobre o direito alheio de introduzir algo em sua vagina e inseminá-la ou de sequestrar seu filho ou de extrair o leite de suas mamas para ser comercializado. É nesse sentido que a vaca é um utensílio, uma propriedade que existe graças a nós, assim como quaisquer animais de exploração, de laboratório e de estimação.

Os penduricalhos do meu novo amor

"Capa ele!", minha amiga falou resolutamente enquanto arranjava no vaso os lírios que eu tinha trazido. "Ele ultrapassou todos os limites, e a tendência é piorar." Ela parou de arrumar e me encarou gravemente. "Se não quer botar na faca, pode dar algo pra baixar a testosterona. É de boa. Ele vai ficar calminho, você vai ver."

Eu havia contado a ela sobre o novo amor da minha vida, que tinha transformado esta mulher adulta num grande coração mole quando, dois anos antes, o conhecera em uma viagem de trabalho a uma ensolarada ilha grega e que, duas semanas atrás, de volta à Holanda, fora buscá-lo no aeroporto. A ansiedade não deixou nenhum de nós dormir na primeira noite no meu apartamento em Amsterdã, e a euforia tomou conta de mim na manhã seguinte enquanto apresentava a ele os melhores lugares perto de sua nova casa. Meu parque preferido, a praia onde eu aliviava o estresse, minha família, meus amigos, minha vida. Finalmente teria alguém me esperando em casa quando chegasse cansada após um longo dia de escrita ou com jet lag após uma viagem a trabalho.

Só que não. Em poucas semanas, ele começou a me ignorar: não ficava curioso nem empolgado quando eu retornava de uma entrevista, permanecia na janela, de costas para mim, ou então olhava descaradamente os rabos de saia que passavam na rua. Não demorou para dirigir uns ruídos a elas... Uns gemidos, uns gritinhos, uns ganidos... Se achasse a garota atraente, ou se uma lhe desse atenção, mínima que fosse, ele imediatamente parava de escutar o que quer que eu estivesse falando, e de nada adiantava erguer meu tom de voz. Até o dia em que, durante um passeio, simplesmente saiu correndo e se jogou sobre uma desconhecida, me obrigando a puxá-lo de volta. Pedi conselhos a amigos próximos, que foram unânimes: meu cachorro tinha chegado à adolescência e já não havia como segurá-lo perto de cadelas no cio; era preciso castrá-lo quanto antes.

Na raiz desse conselho está o pensamento, amplamente aceito, de que, quando o animal de estimação não se comporta de acordo com as expectativas do dono, então o dono deve fazê-lo se adaptar a essas expectativas. Um animal de estimação é uma propriedade; o desejo do dono é uma ordem. Que, sim, é bem-intencionada na maioria das vezes: o dono de um cachorro, por exemplo, quer evitar que aquele adolescente cheio de tesão saia correndo através de uma avenida movimentada no desespero de conhecer a dachshund gracinha que avistou do outro lado da rua. Melhor castrado do que atropelado, né? E ainda assim não parece razoável esse nosso desejo de domar completamente a natureza dos animais de estimação: por que quereríamos que cães, os quais descendem de lobos selvagens, vivam em casa conosco e parem de se comportar como cães? Pior: queremos que, além disso, eles sejam bonitinhos e graciosos, e não "selvagens".

O que já alcançamos, diga-se.

Domesticação do tipo faça você mesmo

Charles Darwin afirmou que todos os animais domesticados apresentam entre si similaridades notáveis: são ligeiramente menores do que seus ancestrais e seu cérebro e dentes também são menores; em geral, apresentam orelhas caídas, rabo enrolado e manchas brancas na pelagem; além disso, exibem uma fisionomia jovem mesmo em idades avançadas. A aparência fofinha dos animais de estimação atuais decorre de um processo de centenas de anos de domesticação. São inúmeros os animais selvagens — porcos, cães, ovelhas, coelhos — que foram cruzados e procriados pelo homem com o objetivo específico de se tornarem mais afáveis. Como efeito colateral, eles também ficaram mais burros e dependentes, bem como menores, mais peludinhos e apertáveis.

Em 2014, se por um lado havia 200 mil lobos selvagens no planeta, por outro existiam mais de 400 milhões de cachorros domesticados; e 40 mil leões em comparação a 600 milhões de gatos caseiros. Em 2018, dos mamíferos terrestres que habitavam a Terra, pelo menos 60% eram animais de pecuária, a maioria vacas e porcos, procriados para servir de comida ou utensílio aos humanos. Somente 4% dos animais terrestres eram selvagens, isto é, não domesticados. No caso das aves, 70% são galinhas e outras aves de produção, o que significa que apenas 30% desses animais não são utilizados, procriados e comidos por nós.[51] Animais selvagens são cada vez mais minoritários, e a tendência é que reste um contingente de bichos mais e mais parecidos entre si.

E tem o fato de que é extremamente fácil domesticar um animal. É um processo muito menos demorado do que se supõe, como provou o estudo de Dmitry Belyaev, zoólogo e geneticista, e de sua assistente Lyudmila Trut, no qual ambos transformaram uma espécie selvagem e agressiva num bichinho domado e dependente no curto espaço de dez anos.[52] Essa espécie era a raposa-cinzenta, lendária pela agressividade e pelo ímpeto mordaz, a ponto de os pesquisadores nunca se aproximarem sem as luvas de proteção.

Sendo assim, o professor Belyaev preferia delegar a tarefa à sua assistente: todo dia, Lyudmila vestia a luva e enfiava a mão entre as grades da jaula na qual estavam as raposas, para observar sua reação. Esse contato era o único permitido entre Lyudmila e os animais ao longo do dia, como forma de garantir com o maior grau de certeza possível que qualquer novo comportamento fosse decorrente dos cruzamentos seletivos, e não comportamentos aprendidos. Lyudmila apenas observava e tomava notas; ela registrava quais raposas atacavam sua mão e as excluía, mantendo para os cruzamentos futuros apenas os indivíduos que demonstravam uma conduta calma.

Levou apenas quatro gerações para surgir a primeira raposa que abanava o rabo ao ver a pesquisadora. Poucos anos depois, as raposas passaram a responder ao nome dado a elas e a latir por atenção. Elas lambiam a mão de Lyudmila e de seus colegas e se tornavam cada vez mais brincalhonas, com os humanos e umas com as outras. Era do conhecimento dos pesquisadores que, na natureza, somente quando muito bebês as raposas exibiam um comportamento brincalhão; com um mês e meio de vida, elas já se tornavam mais sérias e agressivas. Por sua vez, as raposas do experimento jamais deixavam de brincar. E o comportamento não foi o único aspecto que mudou, como também a própria aparência: as orelhas descaíam a cada geração, o focinho e as patas encurtavam, o rabo se enrolava, a pelagem se tornava mais colorida, os machos e as fêmeas ficavam indistinguíveis, as fêmeas alcançavam a maturidade sexual mais cedo. As raposas ficaram fofas e mais dependentes como resultado da seleção, pelos pesquisadores, com base em uma única característica: a afabilidade.

Em 1999, nasceu uma geração de 100 raposas-cinzentas completamente domesticadas, dependentes e bem-comportadas. A raposa-cinzenta 2.0 era útil para o homem por sua pelagem, considerada incrivelmente bela. Em 2015, a China, maior provedora de vestimentas de pele de raposa-cinzenta, tinha uma produção de 10 milhões; na Europa, no mesmo ano, essa quantia era de 2 milhões, de acordo com a Associação Europeia de Produtores de Pele Animal.[53]

A domesticação do cachorro, embora muito mais lenta, teve resultados parecidos. Em 2015, pesquisadores da Universidade do Estado do Oregon se debruçaram sobre os efeitos que a domesticação provocou no comportamento dos cães, num estudo que teve como objeto lobos, cães de rua domesticados e cachorros criados dentro de casa.[54] O experimento consistiu em colocar diante dos indivíduos das três espécies um balde virado de cabeça para baixo com um pedaço de carne dentro. Dos 10 lobos, 8 pegaram a carne sem maiores dificuldades. A maioria dos vira-latas domesticados não obteve sucesso na tentativa, e 9 dos 10 cachorros caseiros nem sequer tentaram apanhar a carne e apenas ficaram olhando para seus donos, que estavam presentes.

Prejuízos econômicos

Nos últimos anos, a visão mais geral sobre os animais sofreu diversas transformações, e, como consequência, também as respectivas leis começaram a se transformar, ainda que muito gradualmente. Até pouco tempo atrás, vacas e outros animais só existiam na letra da lei como propriedade, jamais como seres conscientes, indivíduos com valor próprio e independentes de um dono. Para o direito, não passavam de coisa, com o mesmo valor de um carro, e o objetivo de fundo era um só: proteger contra perdas econômicas.

Pelas leis, o carro que pertença a X não pode ser usado por Y sem permissão do dono, caso contrário é roubo. Elas também proíbem que um terceiro, alguém que não seja o dono, danifique o carro, sob o risco da aplicação de penalidades. Se for posse de uma empresa e, portanto, dotado de valor não apenas para o funcionário que o dirige como também para a própria empresa, as leis obrigam o funcionário a cuidar dele para não incorrer em prejuízos à companhia. O carro, porém, não tem quaisquer direitos ou deveres, nunca deixa de ser um objeto.

As leis pertinentes a animais se fundamentam nos mesmos princípios: uma vaca não possui direitos, porém é proibido a um terceiro danificar a vaca, na medida em que causaria prejuízo financeiro ao dono de fato da vaca. Criadores de animais de exploração também têm certas obrigações legais de garantir o que as leis classificam como "bem-estar" animal, que envolve, por exemplo, acomodação e transporte. Entretanto, as leis concernentes a isso foram concebidas com o objetivo de otimizar a produtividade dos animais dentro de determinado sistema econômico. Na língua, na política e no direito, uma vaca é um utensílio humano.

Desde 2013, no entanto, uma lenta mudança vem ocorrendo. Na Holanda, as alterações trazidas pela Lei de Proteção aos Animais tiveram mais força teórica do que prática. De acordo com o artigo 1.3 dessa lei, animais são seres sencientes e, como tais, devem ter sua integridade e seu bem-estar preservados; já o artigo 2.1 diz que não se pode infligir dor ou sofrimento a um animal, nem violar sua saúde ou bem-estar. O Código Civil holandês também sofreu uma alteração: seu artigo 3.2a agora determina que animais não são objetos. À primeira vista, são alterações com implicações importantes e abrangentes. Mais especificamente, elas dizem que é proibido meter uma bala na cabeça de uma vaca, cauterizar o bico de uma galinha ou o rabo de um leitão, asfixiar pintos machos, perfurar ratos de laboratório, obrigar um elefante a pintar quadros no circo, castrar um cachorro, manter uma orca cativa num aquário ou permitir que montadores inexperientes quiquem no lombo delicado de um cavalo.

Não obstante, tudo isso continua acontecendo. E dentro da legalidade.

São ações permitidas porque o que a lei de fato proíbe é a violência contra animais que não tenha "motivo razoável". Porque, embora a legislação holandesa e europeia tenha recentemente reconhecido a senciência dos animais, não passou a considerá-los sujeitos nem, portanto, a lhes conceder direitos. E também porque, ainda que o artigo 3.2a do Código Civil holandês tenha estabelecido que animais não são "objetos", acrescentou-se a ele um adendo que diz: "Disposições relacionadas a coisas são aplicáveis a animais, com a devida observância das limitações, das obrigações e dos princípios legais assentes nas regras estatutárias e nas regras jurisprudenciais, assim como nas convenções de ordem e moral públicas".

Mas oi?

O que essa frase quer dizer, como me explicou no idioma comum uma jurista, é que, "em nosso sistema legal, animais continuam sendo considerados objetos se o homem assim desejar".[55]

Ai está... Para surpresa de ninguém, ela e seus colegas não viram quase nenhum efeito prático na legalização do "valor intrínseco" dos animais. "Há uma ou outra regra expressa", ela explicou, "mais relacionadas a procedimentos de divórcio ou de reintegração de posse, mas que não ocasionaram de fato uma maior proteção aos animais, e eu não consigo ver melhoras estruturais. Os animais não possuem direitos."

Uma vaca não pode dizer se o motivo de alguém montá-la ou inseminá-la artificialmente é "razoável", então resta ao seu dono determinar se o que ele próprio faz com a vaca é razoável ou não. Assim como cabe a pecuaristas e consumidores determinar se o tratamento dado aos animais de exploração é razoável ou não. E cabe aos cientistas determinar se é razoável ou não usar animais, em vez de alguma alternativa, para testar medicamentos e afins.

Me parece que todo dia, milhões de vezes por dia, chegamos à conclusão de que, sim, é razoável.

Uma legislação razoável

De acordo com o Instituto Central de Estatística holandês, 627.511.800 animais de exploração foram mortos em abatedouros do país no ano de 2017. Isso equivale a 52 milhões por mês, 13 milhões por semana, 2 milhões por dia, mais de 78 mil por hora.

Razoável.

Ainda em 2017, a agência de vigilância sanitária holandesa publicou um relatório segundo o qual, a cada ano, 10 milhões de galinhas morriam nas fazendas de criação de aves do país antes de serem abatidas. Mais outro milhão morre no transporte, 15 milhões sofrem fratura nas asas, elas não recebem água nem comida em quantidade suficiente e 1 a cada 5 tem feridas dolorosas nas patas. O relatório também diz que 99,9% dos abatedouros são descuidados em seus procedimentos: nem sempre as galinhas são devidamente eletrocutadas e nesses casos são degoladas ainda vivas.

Razoável.

Nos zoológicos europeus, entre 3 mil e 5 mil animais saudáveis são mortos anualmente por serem considerados "excedentes".

Razoável.

No século XXI, nas dezenas de milhares de zoológicos e aquários que existem, os animais são invariavelmente encarcerados em espaços pequenos demais. Segundo um estudo bastante divulgado, num zoológico comum, leões e tigres têm um espaço 18 mil vezes menor do que na natureza; os ursos-polares, um espaço 1 milhão de vezes menor. Isso significa que os animais dos zoológicos, tais como elefantes africanos, orcas e leões, têm uma morte muito mais precoce do que aqueles que vivem em liberdade.

Razoável.

Em 2016, somente na Holanda, 449.874 experimentos fizeram uso de cobaias. Separando os experimentos por animal, temos 271.567 camundongos e ratos, 52.237 galinhas, 72.380 aves de outro tipo, 28.476 peixes, 10.129 porcos, 4.073 vacas, 656 cães, 438 ovelhas, 146 cavalos e burros, 70 macacos-rhesus, 34 macacos-caranguejeiros, 16 saguis, 89 gatos, 1.443 hamsters, 3.148 porquinhos-da-índia, 8.579 coelhos, 249 furões, além de milhares de outros.[56]

Nos Estados Unidos, no mesmo ano, houve 820.812 experimentos com animais — e esse número não contabiliza os 137.444 animais que, embora mantidos em instalações de pesquisa, não foram utilizados em experimentos, nem os milhões de peixes, ratos e camundongos que foram usados mas não são incluídos nas estatísticas de animais de laboratório porque a lei estadunidense não prevê a proteção de seu "bem-estar".[57] O Departamento de Agricultura dos Estados Unidos e a Agência de Inspeção Sanitária Animal e Vegetal estimam que um total de 12 a 27 milhões de vertebrados foi usado em experimentos no país.

Razoável.

Nas notas de rodapé de um relatório da indústria de experimentação animal holandesa, lê-se: "É possível usar uma mesma cobaia em diversos estudos. Isso quer dizer que o número real de cobaias é menor do que o de testes com animais realizados"; e também: "De acordo com as estatísticas, em 357.689 (88,7%) experimentações animais, as cobaias são mortas ou morrem no decorrer do estudo.[58] Em 45.681 (11,3%) experimentos, as cobaias se encontravam vivas ao fim do estudo".

Razoável?

Deuses de jaleco branco

Os seres humanos exercem um poder absoluto sobre as leis e sobre o mundo. Nós prendemos outros animais — seja em jaulas, atrás de grades ou de fios elétricos, em estábulos ou em aquários — porque julgamos que eles servem a nossos interesses. Nós os procriamos continuamente para saciar nossa demanda por proteína animal; nós os modificamos de acordo com nossas preferências; e nós os matamos quando nos deixam de ser úteis.

Em 2018, diversas equipes de cientistas estavam trabalhando em experimentos com o objetivo de dar origem a porcos e galinhas que se desenvolvessem mais aceleradamente e com menos comida, ao passo que outras tentavam criar a vaca perfeita: com tetas enormes tais quais as de uma vaca leiteira como a holstein, mas que crescesse tão rápido quanto uma de corte. Essa vaca superlucrativa ainda está por nascer, até onde pude descobrir. No entanto, esses experimentos não deixaram de causar centenas de abortos e gerar bezerros com deformidades. Ao tempo em que eu escrevia este livro, outra equipe de pesquisa estava tentando, por meio de modificação genética, desenvolver porcos com menor nível de hormônios do estresse no sangue — nível que aumentara intensamente nas décadas anteriores devido à crescente "eficiência" com que forçávamos os animais a engordar cada vez mais rápido, com que os transportávamos ou os matávamos.[59] Os deuses de jaleco branco não gostavam do aumento nos níveis de hormônios do estresse no sangue dos porcos não porque era inconveniente para estes, mas porque era inconveniente para o mercado (já que uma carne estressada é uma carne dura, e os consumidores não gostam).

Com aquela quantidade de grana investida na pesquisa e com tantos cérebros de ponta juntos, seria de pensar que eles chegariam à solução mais óbvia: se o que causa o estresse de porcos e outros animais é determinado sistema de pecuária, transporte e abate, então precisamos mudar esse sistema. Porém, não foi essa a solução proposta pelos cientistas, que concluíram que o que precisava mudar eram os animais.

Qual foi a grande saída para o problema da carne dura, então? Um teste de DNA para identificar porcos muito estressados (leia-se tensos) e, assim, possibilitar ao criador não usá-los mais para procriação. O teste custa 20 euros e, de acordo com o site em que é vendido, o retorno financeiro é garantido, já que porcos estressados podem "gerar consideráveis prejuízos econômicos".

Para evitar a carne de vaca borrachuda, os cientistas encontraram outra solução criativa: o vitelo, que é afastado da mãe imediatamente após nascer e mantido num caixote que mal acomoda seu corpo até o momento do abate, mais ou menos quatro meses depois; ele não pode caminhar, brincar nem mesmo se mover, para que os músculos fiquem moles — quanto mais moles, mais suculento e tenro será o bife de vitela em seu prato.

Para os deuses humanos, isso é razoável.

Máquinas

A noção de razoável aqui está relacionada a outras ideias, como a de que os animais sentem menos dor e, portanto, sofrem menos do que os humanos, ou a de que ocupam um patamar mais baixo na hierarquia da natureza, isto é, de que existem para serem usados por nós, como se fossem uma criação humana tal qual... o Bitcoin ou a máquina a vapor.

Animais são máquinas, escreveu no século XVII o filósofo e matemático René Descartes. Não são capazes de pensar nem de sentir: são robôs que reagem automaticamente aos estímulos a que seus corpos são submetidos. São dispositivos, sim, mas dispositivos necessários: muito convenientes para a prática da vivissecção (operação feita em um animal vivo), por exemplo, que permite aos cientistas observar os interessantes movimentos que se dão em seu interior.

Quando você insere um bisturi em um animal, ele vai reagir e gritar, porém, de acordo com Descartes, não é porque sente medo ou dor; oras, uma chaleira com água fervente também grita, e ninguém vai dizer que ela sente dor.

Robert Hooke, um dos mais conhecidos cientistas do mesmo século e proeminente membro da Royal Society, provavelmente concordaria com Descartes. Em certo dia chuvoso, curioso para saber como se comportava o interior de um ser vivo durante a respiração, Hooke amarrou um cachorro a uma maca e o abriu: serrou suas costelas, enfiou um tubo pela extensão de sua garganta, examinou-o meticulosamente por uma hora, fascinado pelo sobe e desce do tórax, pelos olhos arregalados e assombrados do cão, pelos pulmões que inflavam e desinflavam. O homem não sentiu prazer durante o experimento; em uma carta que posteriormente escreveu a colegas, contou que se sentiu péssimo por ter de causar tanto sofrimento ao animal, mas entendia seu gesto como um mal necessário, assim como entendia que estava em seu direito ao fazê-lo. E estava mesmo. A lei o protegia, e protegeria atos similares pelos séculos vindouros.[60]

Animais de teste

Até 1950, não havia na Holanda qualquer controle sobre os animais usados em testes de laboratório nem sobre os fins para os quais eram usados, menos ainda sobre a forma como eram tratados. Foi somente em 1977 que a Lei de Testes com Animais entrou em vigor, a qual condicionava a realização de tais experimentos à concessão de uma licença por parte de uma comissão específica. Hoje, não é permitido dissecar um animal vivo, mas machucá-lo ou matá-lo de outras maneiras, sim, se os integrantes da comissão entenderem que o sofrimento causado a ele se justifica por "exigência ou necessidade" do experimento.

Na Holanda, a maioria dos testes com animais tem por objetivo investigar o funcionamento do corpo humano e também de certas doenças físicas e mentais. Uma menor quantidade se volta à pesquisa médica com fins comerciais ou à pesquisa sobre doenças animais, geralmente com o propósito de garantir que animais de produção não sejam tão afetados pelo estresse ou por doenças que inviabilizem a venda de sua carne.

Em uma pesquisa, para que os cientistas possam avaliar potenciais tratamentos, é necessário infligir no animal a moléstia que está sendo estudada. Isso se dá, por exemplo, por manipulação genética para que os animais nasçam com determinada doença; pela aplicação de um tratamento em fêmeas grávidas que as faça dar à luz apenas crias doentes; pela inoculação de doenças em animais saudáveis; pela intervenção cirúrgica que danifique órgãos ou ossos; pela inflicção de queimaduras na pele; pela aplicação de choques elétricos ou pela privação de comida, água, sono e interação social com o intuito de causar depressão, trauma e distúrbios de ansiedade.

Alternativas ao teste com animais

Existem pesquisadores, contudo, que não querem tomar parte nesses métodos. Em 2019, um restrito grupo de pesquisadores holandeses passou a criar alternativas aos testes com animais; em seus laboratórios, há incontáveis bandejas com tecido vivo humano, que é cuidadosamente monitorado para que se desenvolva de modo satisfatório e possa ser usado em experimentos no futuro. Já outros cientistas se debruçaram sobre uma tecnologia computacional extremamente avançada que possa servir de material para testes. Esses pesquisadores são otimistas quanto ao potencial de tais alternativas, e sua ambição não é pequena: eles querem fazer da Holanda "pioneira na inovação dos testes sem uso de animais".

Um dos motivos que levam cientistas a se dedicar a esse tipo de pesquisa é que consideram os testes com animais absolutamente maléficos para estes — a pós-graduanda Victoria de Leeuw, por exemplo, ainda na faculdade de Neurociência, teve de substituir o sangue de um camundongo vivo por parafina e achou a experiência tão desagradável que decidiu dedicar a carreira a criar testes sem uso de animais. O motivo mais importante, porém, é que boa parte dos experimentos com animais não oferece resultados relevantes para os humanos.

O tecido animal em geral reage de forma diferente do tecido humano às substâncias aplicadas; mais importante, os animais se comportam de maneira diferente dos seres humanos em situações similares. É por isso que, como diversos estudos demonstraram, testes com animais são inúteis. Lembre-se dos ratos no estudo sobre câncer de mama mencionado no capítulo 6: a soja parece aumentar o risco desse câncer em ratos, porém o efeito em humanos é o oposto, o que se explica pelas marcantes diferenças na regulação hormonal entre um e outro.

Esse tipo de disparidade tem sido descoberto aos montes. Em 2011, pesquisadores dos hospitais universitários da Universidade Radboud e da Universidade de Utrecht e do Instituto do Coração da Holanda concluíram que a maioria absoluta dos experimentos médicos com animais não resulta em tratamentos eficazes. Quase 85% dos testes de novos medicamentos e tratamentos não tiveram efeitos em humanos, ainda que tenham sido observados resultados positivos em animais.[61] Entre esses experimentos com animais, uma grande parcela não foi conduzida da melhor maneira, e camundongos, coelhos e primatas acabaram morrendo desnecessariamente. Grupos de cientistas estadunidenses chegaram à mesma conclusão.

Tradicional

Lendo o conteúdo das dezenas de permissões concedidas a cientistas nos últimos anos, me pergunto quem se beneficia com as pesquisas que fazem uso de testes com animais. Por exemplo: a requisição de permissão nº 20186086 pretendia conduzir um estudo sobre esquizofrenia em humanos, mas para o que, primeiro, causaria a doença em 3.744 camundongos, que então seriam medicados e submetidos a testes comportamentais. Neste caso, os camundongos seriam espetados com agulhas e outros "estímulos aversivos", como expor a muita água animais que por natureza morrem de medo de água. De acordo com os requisitantes, o procedimento causaria "moderado desconforto" nos camundongos, mas, com sorte, também descobertas "fundamentais" sobre o comportamento da esquizofrenia em humanos. A permissão foi concedida, o estudo foi levado a cabo, e todos os camundongos morreram ao fim.

Já outra requisição dizia respeito a um estudo sobre obesidade em homens e mulheres cujos autores desejavam submeter 12.167 camundongos a procedimentos cirúrgicos, injeções e "tratamentos com o fim de provocar desequilíbrio energético"; um veterinário me explicou que isso significa alimentar à força os animais, ou então tornar seu ambiente extremamente frio para que gastem mais energia sem que possam recuperá-la, ou seja, matá-los de fome. A permissão foi concedida, o estudo foi levado a cabo, e todos os animais morreram durante ou ao fim dele.

Devemos considerar "necessários" estudos como esses? Com base nas minhas leituras sobre a falta de êxito deles para gerar soluções para humanos, digo que não. Se a lei estabelece que estudos que envolvam testes com animais só podem ser realizados se forem um mal necessário, mas a "necessidade" da maior parte desses estudos é questionável, o que resta? Bem, apenas os estudos com experimentos animais que comprovadamente salvaram ou recuperaram vidas humanas e os quais não poderiam ter sido conduzidos de outra maneira, certo? Sim, concordam os criadores de novas alternativas aos testes com animais; entretanto, eles tiveram de passar anos brigando com aqueles colegas, muito mais numerosos, que não queriam abrir mão de sua metodologia tradicional.

É por essa razão que o terrivelmente doloroso teste de irritação ocular (no qual substâncias que podem causar dor ou alergia são pingadas direto no olho de um coelho vivo, a fim de se observarem os efeitos dela) só foi descartado em 2013, por mais que fosse sabido por séculos que os animais sentem dor e, portanto, sofrem. Hoje em dia, usam-se olhos de galinhas mortas (descarte da indústria da carne). E o que se descobriu? Que o olho da galinha se assemelha ao humano em muitos aspectos, ao passo que o do coelho, não. Sendo assim, os incontáveis testes levados a cabo com coelhos até 2013 foram, em retrospectiva, majoritariamente desnecessários na medida em que os resultados se mostraram irrelevantes para os humanos. Em uma entrevista sobre sua pesquisa com testes sem uso de animais, Victoria de Leeuw afirma que não demorará para termos a mesma opinião quanto aos infinitos testes com camundongos e outros animais, já que: "Camundongos também não são tão semelhantes a nós, de modo que a utilização de modelos baseados em células humanas seria muito mais benéfica".

Certa vez, conversei com uma pessoa que realizava testes com macacos em sua pesquisa. Ela estava incomodada com a repercussão negativa sobre os experimentos com animais, a qual havia ganhado volume nos anos anteriores, e até certo ponto eu compreendi o porquê. Mesmo os mais ferrenhos críticos dos testes com animais que já entrevistei concordam que, em geral, a situação dos animais de laboratório é melhor do que a de porcos, vacas e galinhas que são criados nos megaestábulos com a finalidade de virarem comida para o homem. Os testes com animais, ao menos em teoria, só são permitidos com autorização específica, e isso se não houver alternativas e se a exigência e a necessidade do estudo forem comprovadas. Nada disso é requerido na pecuária, que engloba uma quantidade muito maior de animais, sendo que alternativas ao leite e à carne que não fazem uso de exploração animal em sua produção existem há muito tempo.

Animais incomparavelmente humanos

Seria de esperar que, em pleno século XXI, nós houvéssemos descartado completamente a antiquíssima ideia de Descartes de que animais são máquinas imunes à dor, porém não é o caso; ainda hoje, cientistas discutem se os animais sentem dor ou não e, se sentem, como essa dor se realiza exatamente e se é parecida com a dor que o ser humano sente. Ou, como diria qualquer panfleto pró-testes com animais: "Dor é um conceito difícil de atribuir a um animal, já que não se pode perguntar a ele se sente dor".

De fato, você não pode, mas, se quer a minha resposta resumida, sugiro que pise no rabo de um gato e observe a reação e então pense duas vezes no que está dizendo. A resposta completa seria esta: de acordo com todos os estudos sérios sobre o tema, qualquer animal com um sistema nervoso central plenamente desenvolvido possui consciência sensorial. É o caso de todos os vertebrados ao menos, como mamíferos, peixes, répteis, anfíbios e aves. Sabe-se que neles a dor se realiza exatamente como nos humanos; o cérebro reage do mesmo modo, e o berro que o gato dá quando alguém pisa em seu rabo não é comparável ao apito de uma chaleira, e sim ao grito que você solta quando topa o dedinho do pé numa quina. Como o ser humano, um animal vai reagir com menos intensidade à dor se houver recebido um analgésico e com maior intensidade se o estímulo doloroso for inesperado. Até mesmo animais pequenos, como caranguejos, lesmas e moscas, preservam a memória da dor por algum tempo após vivenciá-la e passam a evitá-la quando possível.

Ademais, já foi demonstrado cientificamente que animais não apenas sentem dor física, como experienciam angústias mentais que podem ser definidas como dor: depressão, solidão, estresse extremo e pavor. Por estudos com porcos de produção, sabemos que, com o passar do tempo, muitos deles param de reagir à luz ou aos sons e perdem o apetite, passam a ter um comportamento distante e letárgico, parecido com o de um ser humano preso na solitária, ou o de alguém com depressão grave. Um estudo específico, sobre a saúde dos animais nos zoológicos britânicos, demonstrou que mais da metade dos elefantes apresentava sinais de estresse severo; já os leões passavam quase metade do dia trotando ao longo das barras das jaulas, numa espécie de comportamento neurótico que também indica estresse.

Se um ganso tem seu parceiro afastado, seus hormônios do estresse se multiplicam, e dar-lhe um novo parceiro de nada adianta: o ganso só se acalma quando tem o antigo de volta. Vacas são animais extremamente sociais e expressam fortes emoções em sua interação com outras vacas. Sabe-se que, numa manada, uma vaca faz de duas a quatro boas amigas com as quais passa a maior parte do tempo e pelas quais demonstra afeição dando-lhes "banho" de língua; se essas amigas forem afastadas, os sinais de estresse em seu cérebro sobem vertiginosamente, e elas ficam procurando e chamando umas às outras e manifestam outros sinais físicos que, na opinião de biólogos, claramente exprimem saudades das companheiras bovinas. Também há inimizades numa manada: após um entrevero entre duas vacas, por exemplo, ambas podem reter o ressentimento por meses ou até anos e se evitar.

Já orcas passam a vida inteira ao lado de seus familiares ou dos membros de sua turma. O filhote que é separado da mãe — para fazer piruetas para a plateia num aquário, por exemplo — manifesta sinais físicos e neurológicos similares aos de um ser humano em pânico.

Como contra-argumento, alguns cientistas dizem que, embora animais sintam dor e estresse, essa dor não é tão grave porque, diferentemente dos seres humanos, não são capazes de subjetivá-la. Bem, não sei quanto tempo você fica teorizando sobre a dor depois de bater o dedinho do pé, mas, pessoalmente, eu fico ocupada demais pulando e xingando deus e o mundo enquanto esfrego o dedo. Há aqueles pesquisadores que concordam comigo, já que estudos mostram que a dor humana não é uma "reação que requer grande energia intelectual".

Não é apenas a capacidade de sentir dor e estresse que humanos e animais têm em comum; eles se assemelham também em necessidades atávicas, como a de ser livres, de viver em sociedade com outros membros da mesma espécie (no caso de animais gregários como humanos, macacos, cães, porcos, coelhos e galinhas), de expressar comportamentos típicos (porcos, por exemplo, gostam de mordiscar palha e vacas, de vagar livremente por aí), de cuidar dos filhos até que se tornem adultos e protegê-los de perigos. Sabemos que tais necessidades ancestrais não estão relacionadas a uma inteligência ou a uma autoconsciência superior, e sim a algo muito mais profundo, o mesmo algo que me faz sentir alarmada diante de uma ameaça: um instinto primevo que me diz para me proteger, e não é diferente com um cachorro ou porco. É pela mesma razão que uma vaca fica em pânico e desconsolada se tem seu bezerro lactente sequestrado — ela é programada pela evolução para viver em grupo e nutrir suas crias. E para isso não é necessário quociente de inteligência nem linguagem humana nenhuma: trata-se de algo que se sente.

Humanopólio

Não é apenas na maneira como vivenciam a dor que animais são semelhantes a humanos, mas também em muitos outros aspectos. Por mais que tenhamos nos outorgado a posição de soberanos do Reino Animal, a verdade é que as diferenças entre nós e os animais são tão poucas que não há discussão entre os cientistas: seres humanos são animais, ponto-final. O problema é que há, sim, discussão. Uma discussão malandramente prolongada, rasteira, que tem se dado desde o século xix, quando Charles Darwin provou com sua teoria da evolução que é impossível estabelecer uma distinção definitiva entre homem e animais.

Desde então, não faltaram cientistas que tentaram recuperar o monopólio humano. Primeiro, na esteira de Descartes, afirmaram por muito tempo que animais não eram sencientes. Depois, que não eram capazes de subjetivizar os sentimentos e o comportamento. Depois, que não eram capazes de pensar sobre os próprios pensamentos (metacognição, em termos técnicos). Depois, que talvez tivessem a habilidade de metacognição, mas não a de reflexão moral. Depois, que não eram capazes de pensar em termos de futuro e passado. Não tinham livre-arbítrio, linguagem, inteligência, emoções profundas (como arrependimento, culpa, vergonha). Não eram capazes de manusear ferramentas; não concebiam o tempo; não tinham autoconsciência; não eram capazes nem mesmo de se reconhecer.

Uma após outra, essas suposições foram desmentidas por zoólogos e outros especialistas. O ser humano ocupa, sim, um posto especial, como igualmente demonstraram biólogos e terapeutas comportamentais, porém não no topo do Reino Animal, e sim em algum ponto no meio. Somos animais com talentos especiais, é fato, mas todos os animais têm talentos especiais. O ser humano é um animal, mas um animal não é humano. Cada espécie evoluiu em conformidade com as necessidades de sobrevivência de seu hábitat específico. Diversos animais são superiores a nós em aspectos como visão, olfato, natação, velocidade, resistência, tolerância ao calor e ao frio, sociabilidade, entre outros que foram primordiais para sua sobrevivência como espécie, e praticamente todos os traços tipicamente considerados humanos são verificados, como se sabe hoje, no Reino Animal.

Já se comprovou a capacidade de se autorreconhecer em humanos, grandes símios, golfinhos, elefantes, porcos, pegas e outros corvídeos e até em formigas. Nos humanos, essa consciência se desenvolve aos 2 anos de idade, mais ou menos. Os cachorros se identificam ao dono ou a outros seres, o que, segundo estudos recentes, indica que sua percepção de si mesmos e do ambiente é semelhante à de um bebê humano. A empatia, faculdade de se colocar emocionalmente no lugar do outro, é presente nos mais diversos mamíferos, como macacos, golfinhos e ratos — essa faculdade é o que faz um rato se colocar em risco ou abrir mão de uma recompensa por outro rato que ele não conhece, ainda que essa conduta lhe cause dor (curiosidade: a recompensa nos estudos comportamentais com ratos costuma ser chocolate, pois, como os humanos, eles adoram doces). A empatia dos ratos também foi demonstrada em estudos nos quais alguns deles foram colocados diante de outros que estavam presos, e os primeiros aprenderam não só a libertá-los como também a alcançar o almejado chocolate — na maioria das vezes, eles primeiro libertavam os companheiros e só depois iam atrás da recompensa, e metade dos ratos ainda compartilhou o chocolate com os ex-cativos.

Curiosidade menos divertida: ratos são os animais mais usados em testes de laboratório. Para o professor de Toxicologia e Metabolismo de Fármacos Geny Groothuis, um dos cientistas engajados na descoberta de alternativas aos testes com animais, isso se deve ao fato de as pes-

O FUTURO DA COMIDA

soas não os considerarem bonitinhos ou fofinhos; cachorros não são necessariamente mais espertos nem afáveis, mas "ganham de lavada no quesito fofura".

Os mais diferentes animais usam ferramentas: macacos, aves, peixes, polvos.

Macacos possuem uma noção de tempo e fazem planos para o futuro imediato, até mesmo para o dia seguinte. Eles acordam mais cedo quando sabem que terão de competir pelo café da manhã; também coletam pedras se acharem que elas serão úteis para determinada atividade que se dará horas mais tarde e em outro lugar.

Elefantes, cetáceos e corvos se enlutam e realizam extensos rituais de luto.

Certo grau de inteligência — não raro uma inteligência aguda — é observado entre animais, inclusive a lula. O mesmo pode ser dito sobre a linguagem; é claro que animais não conversam entre si como humanos, mas têm uma linguagem própria — uma que não somos capazes de compreender, ao menos. Gorilas contam histórias do passado numa língua de sinais; cães-da-pradaria e lulas parecem dominar uma gramática complexa; morcegos gostam de fofocar entre si. O fato de que eles não nos compreendem, da mesma forma que nós não os compreendemos, não quer dizer que haja um desnível entre as "inteligências": elas são diferentes, simples assim. Quando ouve um estrangeiro falando na língua natal dele, você não passa automaticamente a considerá-lo inferior, passa?

No entanto, por mais que as ilusões de superioridade humana fomentadas por séculos estejam ruindo, há muitas áreas em que superamos as demais espécies animais, como, por exemplo, a criação e o extermínio desses mesmos animais.

Pensa bem: evolução, você é uma piada! Nós, humanos, somos tão poderosos quanto Deus. Ele criou apenas dois humanos e um jardim cheio de animais, enquanto nós criamos bilhões de animais de produção e de estimação.

Quando o assunto é violência, então, não tem pra ninguém. Ok, a natureza é cruel e os animais selvagens disputam entre si, mas somente o ser humano inventou armas, tecnologias, laboratórios e uma infinidade de outros recursos com a finalidade de capturar, torturar, usar e matar outras espécies. De todas as espécies de mamíferos que já existiram no planeta nos últimos 4,5 bilhões de anos, resta apenas um sexto. O restante foi exterminado desde o surgimento do ser humano. Atualmente, uma tal extinção em massa está ocorrendo nos oceanos: em 2017, sobrava somente um quinto dos mamíferos marinhos entre todos que existiram até que o homem se apoderasse dos mares. Metade de todos os mamíferos terrestres ou aquáticos foi extinta nos 50 anos que precederam a escrita deste livro. Paul Falkowski, um aclamado pesquisador estadunidense, chamou de *unicum* humano a capacidade de sistematicamente causar a extinção de outras espécies. Ponto pra nós, time.

Cecilia no tribunal

O advogado norte-americano Steven Wise tenta, por meio de sua organização, a Nonhuman Rights Project, estender aos animais os direitos humanos. Não porque julgue que animais e humanos são iguais em todo e qualquer aspecto, ou que devem ter os mesmos direitos, mas porque, em sua opinião, o mínimo que os advogados devem fazer é defender os animais que são maltratados por seres humanos. No entanto, isso é impossível na medida em que animais são considerados objetos, e não sujeitos de direito.

O que Wise faz então é tentar convencer juízes de que determinados animais, em determinados casos, deveriam receber a proteção legal que se prevê para qualquer personalidade jurídica, da mesma forma que um imóvel ou uma empresa podem receber a proteção legal outorgada a um sujeito de direito. Até mesmo um rio ou uma área florestal podem recebê-la, como já aconteceu na África do Sul, na Nova Zelândia e na Índia para defender a natureza contra certos humanos.[62]

Apesar de Wise estar nessa empreitada há anos, apenas um grande símio, uma chimpanzé chamada Cecilia, obteve a condição de personalidade jurídica. Cecilia vivia em um confinamento de concreto em um zoológico na Argentina, onde era muito malcuidada, e hoje mora em um santuário. De acordo com o site de Wise, ela está ótima. Colegas de Wise já obtiveram a condição de "personalidade não humana" para golfinhos na Índia, e sua equipe está tentando lograr o mesmo para um elefante nos Estados Unidos.[63]

As outras dezenas de casos que ele e seus colegas defensores dos direitos animais peticionaram foram descartadas, muitas delas indeferidas pelos juízes. O que não tira a alegria de Wise: "Estamos fazendo algo que é revolucionário", me falou por telefone em 2018. "Estamos na iminência de transformar radicalmente a legislação. Os juízes ainda não têm coragem de dar o próximo passo, mas nos encontramos num ponto crítico. A partir de agora, o caso da Cecilia pode servir de inspiração para outros juízes. Ela foi o primeiro animal nos Estados Unidos a obter direitos, e com certeza não será o último."

Ao que parece, Wise e outros ativistas estão conseguindo efeitos concretos que ultrapassam os limites do tribunal. Em 2005, um jardim zoológico em Detroit se tornou um dos primeiros estabelecimentos do tipo em que não há elefantes; em 2015, um juiz indiano ordenou que um traficante de aves libertasse os mais de 500 pássaros que mantinha em gaiolas, com base no argumento de que "aves têm o direito fundamental de voar". Em 2018, a Suprema Corte indiana determinou que novas fazendas de frango não poderiam manter em gaiolas pequenas as galinhas e outras aves;[64] em 2019, duas baleias-brancas do Changfeng Ocean World, na China, foram transportadas para a costa da Islândia depois de o aquário anunciar que não mais manteria golfinhos e baleias "por considerações éticas".[65]

Em seus livros e artigos, Wise compara o ritmo lento na mudança das leis relativas a animais ao período histórico em que se deram as alterações legais que proibiram a escravidão. "Também naquele tempo houve quem dissesse que era impossível", explicou. "Diziam que o sistema econômico iria colapsar, que as pessoas e as empresas iriam falir. Exatamente os mesmos argumentos que escutamos hoje sobre os direitos animais. Mas é um processo inevitável, os animais vão acabar obtendo direitos." A tarefa é complicada? É, mas Wise a torna simples: "Os animais não se comunicam numa linguagem compreensível para os juízes; se nós não falarmos por eles, quem vai fazer isso?".

De fato, animais não se comunicam em nenhuma língua humana. Não ainda.

Fique longe de mim

Em 2018, a Amazon estava desenvolvendo uma tecnologia que possibilitaria escutar os pensamentos dos animais, a qual a empresa esperava lançar no mercado num prazo de dez anos — o dispositivo já consta em seu catálogo on-line.[66]

Você encaixa o aparelho na cabeça do cachorro e ouve em voz alta algo como: "Eba, carinho na cabeça! Não, não para! Cadê meu carinho? É comida? Ela está indo em direção à geladeira! Saco, não é comida. Ei, ei, ei, olha o que eu sei fazer! Agora me dá comida!". Fofo! Por outro lado, se colocar na cabeça de uma vaca de produção, provavelmente vai ouvir: "Fique longe de mim! Não toque aí. Isso dói! Saia daqui. Não! Devolva o meu filho!". Não tão fofo.

Não consigo imaginar animais de produção ou de laboratório dizendo outro tipo de coisa se fosse possível traduzir seus pensamentos em linguagem humana. O que mais diriam? Um vitelo entoaria louvores para seus criadores, secretamente feliz por não ter que se dar ao trabalho de se mover? Os porcos apinhados na caçamba de um caminhão, extremamente estressados, cantariam para passar o tempo?

É de nosso conhecimento, há muito tempo, que tomamos decisões acerca dos animais que causam enorme sofrimento — ainda que evitemos olhar para esse sofrimento, que evitemos falar ou ouvir sobre ele. Contudo, a tecnologia logo não nos deixará escolha senão escutar.

O fato de que diariamente se inflige dor e medo a bilhões de animais porque as leis assim permitem enseja um árduo exercício de pensamento: como seria um modo de vida e de alimentação que não explorasse nem dizimasse outras espécies? É um exercício árduo não apenas porque pressupõe repensar criticamente o sistema econômico, mas principalmente porque obriga a reconsiderar a própria humanidade; a ponderar sobre o significado de ser humano e também o de animal não humano e, a partir daí, conceber as possibilidades de um direito dos animais, suas diferenças para os direitos humanos e refletir sobre a relação e o intrincamento dessas diferentes leis numa era em que o ser humano deixou há muito de agir com humanidade.

Prazer, somos os ciborgues

São questionamentos que podem ser opressivos e um tanto aterrorizantes. Não fazê-los, no entanto, e preservar o atual sistema legal, no qual o ser humano tem direitos e os demais animais não, é muito mais aterrorizante. Se a nossa lei permite expressamente que subjuguemos outros seres vivos com base na ideia, intrínseca à própria lei, de que somos uma espécie animal superior, por conseguinte seres que se julguem superiores a nós têm o direito de nos subjugar.

Seres que já existem, aliás. Em 1998, o britânico Kevin Warwick, professor universitário de Cibernética, tornou-se, em suas próprias palavras, o primeiro ciborgue do mundo após implantar no braço um chip de identificação de frequência de rádio. Um ciborgue é um híbrido de homem e máquina. Desde o implante, Warwick é capaz de acender as luzes de seu escritório com um estalar dos dedos, de abrir portas automaticamente e até mesmo de controlar com o pensamento uma mão robótica que se encontra do outro lado do mundo — ele chegou a deixar a esposa controlar seu corpo por um breve período (ela também é uma ciborgue). O casal considera urgente que passemos todos por um "upgrade" antes que sejamos dominados por robôs e sistemas computacionais criados pelo homem.

Neil Harbisson, um artista radicado em Nova York, seguiu o conselho de Warwick: ele usa um olho cibernético — um sensor de cores — que lhe dá uma habilidade que você e eu não possuímos: escutar as cores. Ao tirar o passaporte, Harbisson pôde sair na foto com o dispositivo (uma antena) na cabeça, uma legitimação, segundo ele, de seus direitos de ciborgue.

A noção de humano está em constante mudança. Uma mudança que sempre será acompanhada pelas leis. No passado, seres humanos com a pele escura não eram considerados sujeitos e hoje são. Há poucas gerações, as mulheres não possuíam direitos civis e hoje possuem. Na Holanda, um indivíduo que nasça com pênis porém não se identifique como homem nem como mulher pode se declarar como um terceiro gênero, o que não era legalmente possível até 2016. Rios e florestas tropicais foram recentemente reconhecidos como objetos com valor intrínseco e assim têm o direito de ser protegidos contra quem tente danificá-los.

É provável que, no futuro, ciborgues obtenham tanto direitos humanos quanto direitos de animais não humanos. O feitio desses direitos e a velocidade com que serão implementados dependerão das autoridades às quais concederemos o poder de governar a história nos tempos vindouros. Elas vão determinar quais pesquisas são necessárias ou não, que tipo de sofrimento é "razoável" e até que ponto nossos interesses justificam o sofrimento de outros seres. É verdade que as atuais transformações nas leis ocorrem num ritmo lento, porém o nosso comportamento pode mudar da noite para o dia — e assim é com o mundo. No próximo capítulo, você saberá que as catástrofes decorrentes da mudança climática podem ser evitadas no último instante se um pequeno grupo de indivíduos decidir agir.

8
Gelo derretido, barragem destruída

Havia lama grudada em meus chinelos. Meus dedos dos pés estavam marrons da sujeira e do lixo. Me apoiei no muro de pedra, ainda quente do sol. Se olhasse para cima, via o topo, a mais ou menos meio metro. À minha direita, estava o Mar de Java. O muro separava a água da favela indonésia onde eu fazia uma pesquisa de campo. Eu costumava escalar aquele muro; de um lado, ao alcance do pé, ficava o mar — bastava esticar os dedos para tocar a água —; do outro lado, quase dois metros abaixo, ficava o vasto gueto. O pescador Muhammad vivia ali com seus dois filhos e a adorável esposa, que sempre preparava para mim uma grande porção de espinafre-d'água, pois sabia que eu adorava. Atrás da casa erguida por eles próprios, havia mais casas, mais barracos, mais crianças e mais adultos. O muro me parecia estreito — mais ou menos da largura dos meus pés juntos —, tendo em vista a nobre tarefa de proteger aquelas pessoas contra inundações. "Está se desfazendo", disse Muhammad. "Da última vez que o mar ficou bravo, uma parte da barragem foi destruída, e a água invadiu a casa com tanta força que a derrubou." A família sobreviveu, porém a esposa do pescador quebrou o braço numa queda, e todos seus pertences foram varridos pelas águas.

Não é o melhor lugar para viver. Em 2014, especialistas alertaram que Jacarta, capital da Indonésia e lar de mais de 10 milhões de pessoas, seria uma das primeiras cidades a desaparecer em consequência da mudança climática. Morei lá por um ano para pesquisar os efeitos das mudanças climáticas sobre as populações mais pobres, hospedada em uma das favelas mais precárias e vulneráveis a inundações, à margem do rio, num barraco feito de madeira, lama e telha de ferro galvanizado. Não havia água encanada; a água para cozinhar e me lavar vinha de um poço. Às vezes, e somente por um breve período, tinha eletricidade. Quando o nível do rio ficava alto demais, os geradores paravam de funcionar e o breu tomava conta.

Corriqueiramente, eu e os moradores precisávamos subir ao telhado para fugir do rio lamacento que de repente entrava em casa. As ruas se inundavam, e os jovens remavam em botes infláveis para resgatar os idosos e os enfermos. Para mim, as inundações eram motivo de grande nervosismo, mas, para as pessoas que sempre viveram ali, eram parte do dia a dia. Os bairros mais baratos da cidade eram aqueles à margem do mar ou do rio, os quais se alagavam inúmeras vezes por ano. As enchentes expunham os habitantes a doenças e a uma pobreza cada vez maior a cada ocasião em que arrastavam seus já parcos pertences: o sofá comprado com tanto esforço, o uniforme escolar das crianças, as economias metidas embaixo do colchão, o negócio próprio, as sacas de arroz, as galinhas... O que restava no chão dos barracos erguidos com as próprias mãos era um resíduo viscoso cheio de bactérias e substâncias nojentas. Não importava quanto limpassem a casa e as ruas, após os alagamentos as pessoas adoeciam ou morriam e as crianças apresentavam sintomas estranhos, como diarreia, eczema, dificuldades respiratórias, enxaqueca e náusea. Essas pessoas não tinham dinheiro para uma consulta no hospital, de modo que as doenças não eram diagnosticadas, nem a causa das mortes era conhecida. Havia suspeitas, claro. Relacionadas às incontáveis fábricas em Jacarta que despejavam seus produtos químicos nos rios da cidade, ou ao hábito generalizado de descartar o lixo nos córregos públicos, já que não existia um sistema de coleta adequado.

A casa de Muhammad e de seus vizinhos pescadores ficava na costa de Jacarta, a mais ou menos uma hora de onde morei durante a pesquisa de campo. Assim como meus vizinhos, eles eram assolados pelas enchentes, as quais estavam piorando em sua região. Após cada uma, a barragem era emendada por homens magrelos e com dentes espaçados que faziam o serviço em troca de uma mixaria. Com o torso brilhante de suor, eles rebocavam os tijolos quebrados e então os jogavam de qualquer jeito sobre a camada de cimento fresco e se despediam dizendo: "Vocês estão protegidos por enquanto, até a próxima!".

E a próxima não demoraria a acontecer. O fenômeno que ameaçava a população de Jacarta durante a minha estadia na cidade é o mesmo que em breve pairará sobre os holandeses e milhares de outros povos que vivem em áreas de baixa altitude. O aumento da temperatura oceânica nas últimas quatro décadas tem causado um incremento no volume das águas. O nível do mar tem subido aceleradamente em decorrência desse aquecimento, mais do que do degelo das calotas polares, elevando o risco de inundações globais. Entre 1900 e 2010, o nível do mar subiu quase 18 centímetros; o Painel Intergovernamental sobre Mudança do Clima (IPCC) prevê uma subida entre 43 e 74 centímetros até 2100. E essa é uma estimativa conservadora: o famoso climatologista James Hansen e seus colegas estimaram em 2015 que, até o fim do século, o nível do mar se elevará "alguns metros".[67] Segundo pesquisadores da Agência Espacial Norte-Americana, a emissão de gases de efeito estufa provocará a subida do nível do mar em quase 3 metros. Muito embora os cientistas tenham oferecido uma solução que nos permitiria evitar uma crise climática no soar do gongo, sua mensagem não alcançou a maioria dos consumidores. Por muito tempo, eu mesma não fui tocada por ela.

A mensagem ignorada

É, é, claro.

Isso é impossível.

Um pouco simplista demais, não acha?

Totalmente exagerado.

Foram alguns dos pensamentos que atravessaram minha mente enquanto, alguns anos atrás, lia pela primeira vez um relatório sobre o impacto da produção alimentar no clima. Os números que ele apresentava eram tão espantosos que, durante as primeiras semanas de pesquisa, e sendo bem sincera, pensei se tratar de, nas palavras de um certo presidente estadunidense, *fake news*.

Larguei o relatório.

Peguei de novo para ler.

E larguei.

Enviei um e-mail para os autores. "Prezado(a) senhor(a)", começava. "Por acaso se trata de um equívoco? Uma simplificação grosseira para facilitar a compreensão do leitor? Ou eu que não entendi por ser um assunto complexo demais?" Não havia nenhum erro no texto, e minha interpretação estava correta. Então me perguntei se não era mentira pura e simples. Será que aqueles ativistas, por trás da fachada de "cientistas imparciais", estavam deliberadamente exagerando os dados para gerar pânico nos leitores e legisladores com o intuito de promover uma agenda política específica?

Não era o que parecia. Não era factível que tantos ativistas de tantas universidades diferentes, de todas as partes do mundo, estivessem trabalhando em conjunto em favor de um plano secreto. Os relatórios tinham todos a mesma mensagem, a qual podia ser dividida em quatro categorias.

1. A mudança climática é um evento natural e esperado; a mudança climática atual, não.

Para nós do século XXI, mudança climática é um tema quente, mas, para a Terra, é procedimento-padrão. Períodos mais quentes ou mais frios são causados por alterações na concentração, na atmosfera, de gases de efeito estufa que absorvem o calor, assim como por alterações no grau em que os raios de sol são refletidos de volta para a superfície terrestre. Tais períodos se alternam a cada 100 mil anos mais ou menos, e sempre se deveram a circunstâncias naturais — até porque não havia outra possibilidade, já que o ser humano não existia quando da ocorrência da grande maioria desses eventos. Ainda que a mudança climática seja um acontecimento normal, o ritmo em que ela tem se dado nos últimos anos não é. Desde o fim da última Era Glacial (isto é, nos últimos 10 mil anos), a temperatura média global se manteve relativamente estável até 1880, e a partir de então aumentou 0,08 °C por década. Já a concentração de CO_2 na atmosfera cresceu 40% entre 1850 e 2018.

2. Mudança climática é um fato; catástrofe climática é uma escolha.

O aumento da temperatura está relacionado ao aumento da concentração de CO_2 na atmosfera. Segundo os cientistas do IPCC, há uma boa chance de manter o aquecimento da Terra abaixo dos 2 °C, desde que a concentração de gases de efeito estufa na atmosfera se estabilize em 450 partes de CO_2 por milhão de moléculas de ar. Em janeiro de 2020, esse valor era de 415, o qual provocaria um aumento no nível do mar de quase 1 metro a cada 100 anos, suficiente para comprometer certas regiões, mas não para gerar uma catástrofe mundial. O problema é que será impossível manter essa quantia abaixo de 450 se não mudarmos radicalmente nosso modo de vida.

Estima-se que, em 2050, a população da Terra será de 9 bilhões; se todas essas pessoas comerem e viverem segundo os costumes ocidentais atuais, estaremos oficialmente na merda. É quase consenso entre os cientistas que em tal cenário haveria mais desastres naturais extremos, que originariam milhões de refugiados climáticos, perdas, mortes, como também agravamento da fome, da sede, da seca, da pobreza, de conflitos armados. O custo e a devastação decorrentes seriam comparáveis aos provocados pelas guerras mundiais e pela depressão econômica na primeira metade do século XX. Nas cidades, o calor se tornará insuportável, e, segundo algumas previsões, algumas dessas cidades, como Londres, Nova York e Amsterdã, ficarão submersas. Para pesquisadores da Global Challenges Foundation e do Future of Humanity Institute, a chance de que eventos extremos como esses sejam irreversíveis é de 5%, isto é, uma vez deflagrados, eles vão desencadear uma série de outros eventos que não poderão ser contidos e resultarão na extinção da humanidade.

3. A atual mudança climática é em grande parte causada pelas indústrias da carne e do leite.

A razão para o aumento acelerado da concentração de gases de efeito estufa é tripartite: a Revolução Industrial, iniciada no final do século XVIII; a invenção do motor de combustão interna, em 1867, e a consequente queima em larga escala de combustíveis fósseis; e, por fim, a ascensão da pecuária intensiva. No século XXI, nada impactou tão severamente o meio ambiente quanto as indústrias da carne e do leite, em especial pela erosão de grandes áreas verdes causada pelo excesso de pastio, pelo escasseamento de recursos, pela poluição das águas, pela perda de biodiversidade e pelo desmatamento resultantes da expansão das terras agrícolas. Em 2019, a agricultura ocupava aproximadamente 35% das terras do planeta, três quartos das quais eram usadas para pecuária intensiva, tanto para criação de animais quanto para cultivo de alimentos destinados a eles. Árvores são derrubadas em massa para abrir espaço para o plantio de soja, milho e outras culturas: em 2018, 16 milhões de hectares foram destruídos (uma área correspondente a duas vezes o estado da Carolina do Sul). O desmatamento provocou a liberação de grandes quantidades de

CO$_2$ que até então estava preso. A emissão de gases de efeito estufa causada pela indústria pecuária foi maior do que a de automóveis e aeronaves, assim como do que a gerada pela indústria têxtil.

4. A medida mais efetiva para combater a mudança climática é veganizar.

Em 2017, um grupo formado por 1.500 cientistas de 184 países conclamou as pessoas a aderir a uma alimentação vegana. A mensagem era: uma alimentação plant-based pode salvar o mundo. A melhor atitude que um indivíduo pode tomar para evitar o cenário mais catastrófico possível é, segundo esses cientistas, evitar tanto quanto possível o consumo de carne e leite. Ponto-final. Medidas como consumir menos e voar com menos frequência, as quais também causariam um grande impacto, ficaram atrás na lista.

Bons e velhos tempos

Está ali expressa em cada um dos relatórios, de forma clara, preto no branco... e, no entanto, parece não encontrar eco a ideia de que só há uma coisa a fazer, e que precisamos fazê-la *imediatamente*. Não no primeiro de janeiro, quando estamos cheios de boas intenções, não daqui a cinco anos, quando os filhos saírem de casa e a gente puder experimentar receitas novas, não quando os queijos veganos tiverem o mesmo sabor de um gouda envelhecido que se degusta com picles de mostarda e uma taça de vinho tinto: *agora, já.* Pra ontem. Caso contrário, o mundo como o conhecemos vai deixar de existir.

Caso contrário, você logo terá em sua casa uma família de oito refugiados climáticos traumatizados dormindo em colchões infláveis (serão incontáveis, e será preciso colocá-los em algum lugar). Caso contrário, o calor em sua cidade vai ser tal que, além dos refugiados, você vai ter de se preocupar com os vizinhos idosos, aos quais precisará levar galões de água pelo menos três vezes por dia, ou eles morrerão. Caso contrário, é mais do que provável que os ressentimentos entre você e seu parceiro se intensifiquem numa reação a tudo isso. Caso contrário, o número de divórcios litigiosos vai crescer acentuadamente, como também o de ataques contra refugiados climáticos, os quais serão cada vez mais — e cada vez mais abertamente — apontados como culpados pela crise econômica. Caso contrário, não é absurdo imaginar que surja um político propondo que, para pagar os recursos da saúde que estão gastando, os imigrantes sejam forçados a trabalhar (sem salário) na construção de um muro costeiro. Aí então você lembrará com saudade daqueles bons e velhos tempos em que o desastre climático era uma escolha, e não o desfecho.

O cerne da mensagem daqueles cientistas por muito tempo não me atingiu, nem a meus amigos, minha família, a maioria dos jornalistas, a maioria dos meus colegas pesquisadores, a maioria dos políticos. Sim, a gente sabia que alguma coisa chamada de mudança climática estava acontecendo naqueles lugares distantes do mundo em que sempre quisemos passar férias. A gente lia e ouvia sobre isso com tanta frequência que já não aguentava mais ver no jornal uma foto de pessoas que tinham escapado de uma enchente em Bangladesh ou na Indonésia. Fazíamos piadas de mau gosto dizendo que o outono do norte europeu, sempre tão úmido e cinzento, finalmente iria melhorar. "Mudança climática? Quero!", exclamávamos. "Longe de mim reclamar de mais calor!" Não fazíamos a menor ideia de que o sistema de produção alimentar que havíamos desenvolvido era o motor dessa mudança climática, nem que uma alimentação à base de vegetais seria a solução para evitar que tal mudança fosse catastrófica.

O cervo contra o farol alto

Mas não vá você pensar que as pessoas deveriam mudar sua alimentação porque o fim está próximo. Trago novidades: o planeta vai continuar ótimo. São seus ocupantes, e não a Terra, que vão morrer se não aderirem de imediato a um modo de vida completamente diferente. O livro *O mundo sem nós* traz saborosas descrições das plantas galgando as paredes das casas abandonadas, infiltrando-se até preencher e ocupar cada recanto, cada fenda — no livro, o fenômeno é observado em localidades desabitadas em todos os cantos do mundo, como vilarejos despovoados em decorrência de conflitos armados. Em tais lugares, o mato tomou conta, os edifícios ruíram e foram feitos de abrigo pelos animais, as florestas desmatadas cresceram de novo, a qualidade do ar melhorou. Eu devorei a primeira parte

O FUTURO DA COMIDA

do livro, mas depois fiquei entediada — quando cheguei à página 200, a mensagem estava bem clara: nos locais abandonados que o livro descreve, a ausência do ser humano não é sentida. *Nós* precisamos da natureza para sobreviver, mas ela não precisa de nós.

Simplesmente não podemos viver sem o oxigênio produzido pelas plantas ou sem a terra em que cultivamos. Sendo assim, quero crer que a maioria dos indivíduos deseje que o planeta permaneça em bom estado, uma vez que necessitamos dele para sobreviver, para que nossos filhos e os filhos de nossos filhos sobrevivam. É algo que nos vem como um conhecimento racional, algo que sentimos no mais íntimo de nós. São muitos os estudos que comprovam que nosso coração bate mais sereno quando em contato com a natureza; a simples gravura de uma floresta, de uma praia, de uma bela flor basta para nos fazer sentir mais relaxados. Isso deveria nos fazer dar o máximo para tratar a Terra de um modo mais sustentável, porém as mensagens alarmantes sobre a mudança climática que vemos nos jornais e na TV têm um efeito paralisante sobre nós. O que está escrito ali é algo difícil de assimilar — é tão vasto, tão grave, tão complicado que a solução fica embaçada. Em outras palavras: a luz clara demais nos torna cegos, e, sem conseguir enxergar o caminho a seguir, fechamos os olhos com força e nos paralisamos diante do que está vindo de encontro, como um cervo apavorado no meio da estrada.

Divergência científica

Outro fato que contribui para o descaso geral com os alertas dos climatólogos é que os especialistas continuam envolvidos numa discussão sobre a medida em que produtos de origem animal deveriam parar de ser produzidos a fim de evitar os desastres. Uma linha de pensamento defende cessar de uma vez o consumo de carne e leite; outra, que é possível continuar consumindo carne, manteiga, queijo e ovos, porém em pequeníssima quantidade. Enquanto isso, a gente espera os especialistas chegarem a uma conclusão mais definitiva e coerente, e que de preferência a formulem numa linguagem que os não especialistas consigamos entender.

Resumindo: não vai rolar.

E não porque os cientistas discordem do fato — pois é um fato inegável — de que as indústrias da carne e do leite causam um impacto ao meio ambiente que é incomparável a qualquer outro. A divergência nasce das diferentes ênfases que se dá aos aspectos desse impacto. Alguns pesquisadores destacam as emissões, ao passo que outros priorizam as soluções para recuperar e preservar a terra. Para um grupo de cientistas, a melhor saída para a terra é um sistema de agricultura constituído de uma pequena quantidade de fazendas que processem todos os resíduos e os transformem em combustível ou adubo. Um tal "sistema de reúso" liberaria grandes quantidades de terra, com uma pecuária de pequena escala, até a conversão para uma agricultura completamente plant-based.

Há estudiosos, porém, que afirmam que mesmo uma pecuária reduzida poderia causar imensos prejuízos ambientais, já que os ruminantes liberariam metano, um gás de efeito estufa, independentemente de comerem "resíduos replantados" ou vegetais especificamente cultivados para o fim de alimentá-los, de modo que, do ponto de vista das emissões, não faria diferença. Porcos e galinhas têm de ser alimentados, transportados e abatidos, todos procedimentos que contribuem para a emissão de gases de efeito estufa.

Por fim, há o fato comprovado de que animais são fontes de proteína extremamente ineficientes. Tão ineficientes quanto um adaptador de tomada quebrado.

O adaptador de tomada quebrado

Para entender a metáfora, primeiro é preciso saber um pouco mais sobre as proteínas. Elas são cadeias de aminoácidos — imagine um colar de contas. São por volta de 20 os aminoácidos, e o formato e a estrutura de uma proteína são determinados pelos aminoácidos que contém e pela ordem em que eles se ligam. O organismo do homem e de outros animais não produz todos os aminoácidos essenciais, de sorte que alguns precisam ser obtidos pela comida. Que pode ser verduras, as quais produzem os próprios aminoácidos, ou outras fontes de proteína vegetal, como cereais e legumes. E também pode ser um animal que comeu esses vegetais e já converteu os aminoácidos em proteínas, que então estarão presentes em sua carne, leite ou ovos.

Animais de produção têm, assim, uma função de adaptador de tomada, do tipo que você usa quando está passando férias em um país estrangeiro. Para fluir a eletricidade para um aparelho, você insere o adaptador na tomada. A princípio, temos um sistema satisfatório. No caso da alimentação, porém, o adaptador não é tão bom assim, principalmente porque os animais não transformam tudo o que ingerem em proteína. Uma boa parte é usada para se desenvolverem, respirarem, se moverem, e o que resta em seu corpo é apenas o excedente.

Imagine: eu dou a uma galinha uma porção de cereais e aguardo até ela produzir um ovo para fazer uma deliciosa omelete. O processo entre a alimentação e a postura, do cereal à galinha ao ovo, envolve uma ação de digestão em que aproximadamente 40% das proteínas se perdem. Sendo assim, seria muito mais eficiente ingerir os cereais, pois desse modo eu absorveria diretamente as proteínas. Isso dito, as galinhas ainda são adaptadores de proteína mais eficientes do que outros animais de produção; no caso das vacas, 96% das proteínas consumidas são perdidas no mesmo processo.

Não são só proteínas que nós consumimos dessa maneira tortuosa, mas também ácidos graxos como o ômega-3. Nós o obtemos predominantemente da vida marinha, tanto que autoridades de saúde recomendam a ingestão regular de frutos do mar por conterem ômega-3, especialmente óleo de peixe. Não resta dúvida de que o ômega-3 faz bem: tem efeito anti-inflamatório, é fundamental para uma série de funções cerebrais, reduz o risco de desenvolver certos tipos de câncer, como também depressão, artrite, reumatismo e demência. Só que os peixes não produzem o próprio ômega-3 — eles têm ômega-3 no corpo porque se alimentam de algas marinhas, que, estas sim, o produzem. Oras, podemos simplesmente comer as algas e abdicar da intermediação do peixe.

A crença equivocada de que apenas produtos de origem animal contêm proteína ou a de que precisamos de uma quantidade de proteína muito maior do que de fato necessitamos — segundo a OMS, na Europa Ocidental se consome em média o dobro da quantidade recomendada; na África Ocidental, o consumo é menor do que na Europa, mas ainda assim supera a necessidade humana — pavimentaram o caminho para o desenvolvimento de um sistema de produção alimentar extremamente ineficiente e mesmo ilógico. De acordo com valores de 2018, carne e leite eram fonte de apenas 18% das calorias que consumimos e 37% das proteínas, sendo que ambas as indústrias exploram 83% das terras agricultáveis e foram responsáveis por 60% das emissões de gases de efeito estufa pela agricultura.

E fim de papo

Joseph Poore, do departamento de Zoologia da Universidade Oxford, não aguentava mais os entreveros entre cientistas. Em busca de uma conclusão que fosse inequívoca, ele e seu colega suíço Thomas Nemecek fizeram o estudo mais abrangente até então sobre alimentação e mudança climática. Foram analisadas 38.700 fazendas ao redor da Terra e mais de 90% dos alimentos consumidos pela população mundial no período. A conclusão, publicada no periódico *Science* em 2018, é a de que "evitar produtos de origem animal traz mais vantagens para o meio ambiente do que quaisquer outras ações em benefício do planeta".

Poore foi tão impactado pelos resultados chocantes da pesquisa que imediatamente se tornou vegano e passou a incentivar as pessoas a fazer o mesmo. Se o consumo de carne e leite cessasse, a emissão total de gases de efeito estufa cairia pela metade, e a escassez de água e a acidificação do solo poderiam se reduzir a ponto de impedir a pior catástrofe climática.

Na opinião de Poore, tornar-se vegetariano apenas, isto é, deixar de consumir carne porém não ovos e laticínios, não basta: as emissões da indústria do queijo, por exemplo, se comparam às dos setores de frango e porco. Virar peixetariano, ou seja, cortar do cardápio carne vermelha e continuar comendo frutos do mar, também não basta: o metano produzido nos cativeiros pode superar o emitido pela pecuária, e 70% do plástico encontrado no Oceano Pacífico provém da indústria da pesca.[68] Os benefícios para o meio ambiente proporcionados pela alimentação vegana são muito mais afiançáveis do que os oferecidos por produtos de carne ou leite ecossustentáveis, que, aliás, quando comparados a produtos veganos, de ecossustentáveis não têm nada. "Carne de vaca criada a pasto" é uma frase que consta no cardápio de muitos restaurantes que querem pagar de conscientes, mas esse tipo de criação é responsável por uma emissão de gases de efeito estufa seis vezes maior do que o cultivo de proteínas vegetais (como ervilha e feijões, que oferecem a mesma quantidade de nutrientes) e usa 36 vezes mais terra. Segundo os cálculos de Poore, mesmo os produtos de origem animal mais ecossustentáveis são dezenas de vezes mais poluentes do que um produto vegetal que gere emissões relativamente volumosas, devido a fatores como transporte, como no caso de abacate ou soja, por exemplo.[69]

Sua análise se mostrou fundamentada e convincente. Até os defensores mais ardorosos da reutilização e reciclagem de terras tiveram de admitir (ainda que entre dentes, nas notas de rodapé de seus artigos): a alimentação vegana é, de longe, a que mais benefícios oferece ao meio ambiente, e, no que se refere ao uso da terra, mesmo os animais de produção mais eficientes se mostram ineficientes em comparação ao cultivo de vegetais ricos em proteína para consumo humano. Essa análise, consolidada nos círculos científicos, só alcançou as manchetes quando as Nações Unidas publicaram um relatório que confirmava as conclusões de Poore. De repente, os jornais começaram a anunciar que o veganismo salvaria o mundo,[70] e os sites de notícias deram vazão a declarações em tom de urgência segundo as quais "a transição para uma alimentação vegana é crucial para evitar um cenário global de fome e desabastecimento de energia, como também os efeitos mais graves da mudança climática".[71] Ou então: "os efeitos da agricultura continuarão a se intensificar, pois a população global está crescendo e demandará o consumo de mais animais [...], e uma redução substancial desses efeitos para o meio ambiente só será possível se houver uma mudança também substancial nos hábitos alimentares globais, que devem abdicar de produtos de origem animal".

Não é justo

Não é nada justo que os moradores das favelas de Jacarta e de outros países menos desenvolvidos sejam os mais ameaçados pelos efeitos da mudança climática se, proporcionalmente falando, quase não contribuem para as emissões de CO_2. A causa de seus problemas são os habitantes relativamente prósperos do planeta, que, em sua maioria, vivem em áreas ainda secas, com conforto e segurança — habitantes que usam mais energia do que eles, viajam mais de avião, detêm partes muito maiores nas indústrias da carne e do leite.

Nas últimas décadas, por exemplo, a Holanda importou enormes quantidades de gado. Foi na Europa e na América do Norte que surgiram as grandes indústrias, e, desde a eclosão da Revolução Industrial, as emissões de CO_2 pela Europa praticamente se equipararam às da Ásia, sendo que a população europeia é de 740 milhões e a asiática, de 4 bilhões. Os europeus consomem muito mais do que os asiáticos, de modo que seria uma questão de justiça partir da Europa (e do restante do Ocidente) a adoção em massa de um modo de vida plant-based, uma vez que nós temos a possibilidade de fazê-lo. É a responsabilidade que vem com o privilégio de morar em países ricos, grandes produtores de metano e grandes emissores de gases de efeito estufa.

A razão por que não demos atenção imediata (e generalizada) aos apelos genuínos de cientistas como Poore reside, em parte, em nossa predileção pelo ócio e não tanto pelo esforço, e transformar velhos hábitos requer muito esforço. E reside, ainda mais, em nossa atitude insistente de apontar o dedo para outros países e outras pessoas: se eles não vão passar a consumir menos produtos de origem animal, não vai adiantar a gente fazer isso, certo? Só que esse argumento não só é fraco, como também não faz nenhum sentido.

Não me entenda mal: uma transição alimentar global e concomitante é completamente irrealizável. Se você vive em uma região miserável ou isolada do mundo, não terá à disposição alternativas veganas acessíveis. Mesmo em países ricos como os Estados Unidos, existem os chamados desertos alimentares, onde moram as famílias mais pobres e onde não é possível encontrar facilmente produtos veganos mas é possível comprar um balde de *nuggets* por 2 dólares numa rede de fast-food. As pessoas desses locais não vão espontaneamente passar a preferir salsicha de alga marinha, pois elas têm preocupações muito mais urgentes. Também há aquelas economias em acelerado crescimento, como a da China, onde, embora alimentos veganos sejam acessíveis, a produção de carne se intensificou enormemente nos últimos anos, para acompanhar o crescimento populacional e porque a carne carrega o prestígio de produto de luxo associado aos países ocidentais mais prósperos — até pouco tempo atrás, a carne era inacessível financeiramente para o chinês médio. Pedir um prato de carne num restaurante é uma demonstração de que o indivíduo triunfou na vida. Em 2014, os estadunidenses consumiram em média cerca de 120 quilos por ano; os holandeses, 90 quilos; e os chineses, 62 quilos.[72] Considerando que a população da China e de outros países nos quais a carne ganhou prestígio vai continuar crescendo, alguns cientistas compreendem que um futuro vegano é pouco provável nesses locais.

Eles ignoram, porém, que prestígio não passa de moda, e as modas podem ser mudadas. Se o desejo de comida do chinês médio é o que os "bem-sucedidos" ocidentais comem, logo suas preferências vão mudar de acordo com a comida da vez no Ocidente. Sendo assim, se os carnívoros inveterados passassem a ser vistos com maus olhos como o são, por exemplo, os grupos de fumantes, os alimentos plant-based ganhariam prestígio na China, e, se um filé de *shitake* se tornasse mania no Ocidente, a demanda global por esse item iria aumentar em consequência — ele adquiriria uma imagem atraente e seria associado ao "bom gosto". Oras, se é verdade que o que leva os habitantes de países emergentes a comer carne é o prestígio que ela carrega, então cabe a nós do Ocidente conferir prestígio a alimentos veganos.

As convenções sociais são particularmente contagiantes, como mostrei no capítulo 3 quando tratei da transformação na imagem do modo de vida vegano. No mesmo capítulo, mencionei que, segundo estudos científicos, se entre 3% e 10% dos integrantes de um grupo difundirem uma conduta da qual estejam plenamente convictos, se dará um efeito cascata: cada vez mais pessoas vão se tornar adeptas dela, até que uma transformação em nível social seja iminente. Isso acontece porque seres humanos são seres sociais e não gostam de ficar para trás; vamos sempre preferir fazer parte daquele grupo que parece ter certeza do que está fazendo. É por esse mesmo motivo que os indivíduos se adaptam ao *status quo* de modo não deliberado, sem que essa decisão passe pelo crivo da consciência. Se as pessoas à sua volta estão fazendo determinada coisa, você vai acabar fazendo também. Se nascer numa sociedade comunista, você vai achar o comunismo normal, e qualquer pensamento contrário vai lhe parecer estranho, errado ou mesmo subversivo. Se todo mundo à sua volta come carne, você vai entender que é uma conduta normal e vai comer animais. Já se nascer numa sociedade em que comer animais é uma prática não tolerada, vai ter dificuldade de quebrar o tabu.

Talvez tivesse ajudado se cientistas e jornalistas houvessem apresentado sua mensagem numa embalagem mais positiva, porém Poore, seus colegas pesquisadores e as Nações Unidas fizeram questão de enfatizar em 2019 que *nos restam apenas 11 anos* para tomar uma atitude em relação aos piores efeitos da mudança climática. Essa foi a notícia ruim, obviamente. Mas havia uma boa também, que passou despercebida: *ainda temos 11 anos* para tomar uma atitude em relação aos piores efeitos da mudança climática, e, se um grupo relativamente pequeno de pessoas parar de consumir carne e leite, o *final feliz* é possível.

Epílogo
O início do fim

Durante a escrita deste livro, meus hábitos de consumo e de alimentação, minha compreensão de temas complicados relativos à comida e meio ambiente, minha relação com meu cachorro, os assuntos de minhas conversas com meu companheiro no jantar, minhas reflexões nos momentos contemplativos do dia, tudo isso mudou. O que mais mudou, porém, foram as indagações que faço a mim mesma e aos outros.

Passei boa parte da pesquisa buscando a resposta a uma pergunta específica: supondo que fosse possível parar de consumir produtos de origem animal, existem as condições concretas para implementar uma transformação social, culinária, econômica e psicológica dessa envergadura, ou é uma visão idealista e impraticável? Contudo, ao longo do trabalho, compreendi que estava me fazendo a pergunta errada. Como seres humanos, somos capazes de fazer o que quisermos, se realmente quisermos. A história é cheia de exemplos de conquistas que até então eram inconcebíveis. Nós:

- eliminamos a fome em muitas regiões do planeta (e hoje há mais pessoas que sofrem com sobrepeso do que de fome);
- abolimos a escravidão e a queima de bruxas;
- transformamos, na Holanda, a homossexualidade, antes considerada uma doença e uma contravenção, em uma característica sexual que é aceita pela maioria dos indivíduos, e isso num período de apenas 30 anos;
- enviamos 12 pessoas para a Lua e construímos duas sondas espaciais que já ultrapassaram os limites do Sistema Solar (e ainda temos contato com elas);[73]

- concebemos, delineamos, alteramos e então eliminamos fronteiras entre países;
- transformamos completamente a pecuária, que passou de uma criação de subsistência para uma indústria gigantesca de bilhões de dólares.

Além de muitos outros feitos que um dia foram considerados insanos, inimagináveis, utópicos ou ingênuos. Assim, a questão que eu deveria me fazer não é *se* somos capazes de alcançar enormes transformações sociais, econômicas e psicológicas, mas *qual* mudança nós, como humanidade, queremos pôr em execução.

E você também deveria.

Dois extremos

Sendo realista, a escolha que está posta é entre dois extremos. Podemos optar por viver num mundo em que a alimentação plant-based seja a norma ou em um mundo no qual animais sejam continuamente procriados, presos e mortos para servir de comida.

A opção por não mudar não existe, embora costumemos pensar que sim. A gente se convence de que tudo vai se resolver naturalmente; o ar à nossa volta continua limpo, as barragens estão contendo o mar, a gente já prefere os orgânicos no mercado, e logo vai existir uma alternativa ao iogurte grego que não deixará nada a desejar ao original e vai passar a estar em todas as cestas de compra. É o futuro que gostamos de enxergar: igual ao presente, só um pouco mais justo socialmente e um tanto mais verde.

No entanto, em breve não vai existir o presente como o conhecemos. Em 2100, numa economia global altamente tecnológica de 9 bilhões de pessoas, será impossível criar animais em condições humanitárias ou ecossustentáveis. As terras utilizáveis para a pecuária estão quase todas lotadas, já não suportam mais vacas, ovelhas ou porcos. Para alimentar tantas pessoas mais com proteína animal, seria preciso desenvolver uma vastidão de fábricas, nas quais dezenas de milhares de animais passariam a vida amontoados em celas e a cada segundo centenas de milhares de porcos, frangos, vacas e outros seriam procriados, usados e abatidos. Num tal cenário, negócios de carne e leite de menor escala simplesmente não sobreviveriam à concorrência com uma indústria gigantesca e mecanizada, muito mais eficiente e econômica.

Após uma pesquisa sobre o horizonte das indústrias da carne e do leite, Matthew Scully, escritor e ex-conselheiro do presidente George W. Bush, fez uma previsão que gelou minha espinha: se não nos rebelarmos contra o tratamento dado aos animais em nossa sociedade, o termo "pecuária de exploração intensiva" deixará de existir dentro de poucas gerações *porque, num futuro carnista, não se conceberá outra maneira de criar e abater animais.*

Contudo, não precisa ser assim. Por séculos, comer animais foi considerado aceitável não apenas porque achávamos saboroso, mas também porque precisávamos para nossa sobrevivência — não havia alternativas vegetais à disposição. Só que esse componente moral não é mais válido. Não dependemos mais dos animais para obter proteína; apenas estamos habituados a achar que gostamos de comê-los, e é fácil usá-los, estão nos acostumamos a isso.

A opção por um futuro plant-based não implica mais gastos, mais tempo nem mais conhecimentos — o que temos já é suficiente.

Só o que precisamos realmente é enxergar para além dos mitos que nos foram ensinados desde a infância. Ensinados pelos médicos e cientistas, por nossos pais, por nossos professores, pelos produtores de alimentos, pelos políticos, que cresceram, eles próprios, dentro de uma ideologia carnista e por isso acreditavam plenamente que seus ensinamentos eram normais, necessários, naturais. Eles acreditavam que era necessário consumir proteína animal para sobreviver e ser saudável; que a humanidade sempre comeu animais e sempre comerá; e que animais não sentem medo, dor nem estresse quando são abatidos. E acreditavam naquele que talvez seja o mais perigoso dos mitos: que jamais conseguiríamos gerir a economia e a cozinha de maneira diferente da que estamos habituados.

Quem manda somos nós

A escolha é sua. Não dos políticos, que são pagos para representar as demandas de seus eleitores. Nem das corporações, que fazem o que der mais lucro e, para isso, precisam satisfazer as demandas dos consumidores. Os consumidores somos eu e você. Nós somos os compradores, e nós somos os eleitores. Está em nossas mãos, portanto, o poder de escolher o cenário, entre os dois possíveis, que vai se realizar nos próximos anos.

Existem, é claro, políticas que podem acelerar a transição para o futuro desejado, como taxar produtos de carne; obrigar os fabricantes a informar nas embalagens as emissões ocasionadas na fabricação do produto; multar ou penalizar selos enganosos como "criado solto" ou "humanitário"; oferecer subsídios para o cultivo de frutas, legumes e leguminosas para tornar um modo de vida vegano mais acessível às massas; reescrever os livros didáticos de modo a oferecer uma representação mais honesta da história alimentar da humanidade... Entretanto, medidas como essas ainda não foram implementadas, e não serão se eu e você não expressarmos nossas exigências aos legisladores por meio de nossas ações e comportamentos. Políticos e produtores só querem saber de eleitores e consumidores: e fazem o que eleitores e consumidores querem. A mudança só pode partir de baixo. De nós.

Para muitas pessoas, essa é uma responsabilidade pesada e assustadora; eu vejo como uma perspectiva libertadora e carregada de esperança, que me faz tomar consciência da oportunidade que tenho de exercitar meu poder três vezes por dia. Cada refeição é um voto pelo futuro que eu quero.

O simples ato de continuar comprando produtos que estão de acordo com o futuro no qual desejo viver é um apoio que dou às empresas que estão de acordo com o mesmo futuro. Assim eu deixo claro aos supermercados que quero encontrar nas prateleiras mais leguminosas, mais oleaginosas, mais leites e hambúrgueres vegetais e menos pacotes pague-dois-leve-três de leite de vaca ou carne. Deixo claro aos restaurantes que prefiro os preparos veganos aos de carne vermelha ou peixe. Deixo claro ao mercado que prefiro gastar meu dinheiro num *junk food* vegano a qualquer hamburgueria tradicional. Assim eles sentem no bolso e informam aos investidores, que vão decidir onde e como investirão seu dinheiro nos próximos anos, que tipo de novos negócios apoiarão.

Se você e eu continuarmos a abrir furos no véu dos mitos do carnismo, a reconhecer as manipulações por trás das estratégias de marketing e a adotar um modo de vida e de alimentação que possibilite o futuro que desejamos, ele vai se realizar dentro de um tempo relativamente curto.

Incômodo passageiro

Para muitos de nós, não é simples se acostumar a uma nova maneira de pensar, se alimentar e viver. Contudo, o ser humano já passou por experiências piores na tentativa de mudar uma realidade que deixou de ser considerada aceitável pela maioria. Houve pessoas que ajudaram escravizados fugitivos mesmo com o risco de serem presas. As mulheres que exigiam o direito ao voto foram ridicularizadas por suas ideias, e aquelas que as manifestavam com mais agressividade eram detidas.[74] Durante a escrita deste livro, milhares de estadunidenses marcharam nas ruas em protesto à discriminação e à violência contra os negros — e com certeza eles prefeririam estar em casa vendo Netflix do que empunhando cartazes e gritando palavras de ordem sob o frio, após um longo dia de trabalho, mas sabiam que precisavam lutar pelos próprios interesses, tinham a consciência de que era mais importante mudar a sociedade do que se recolher no próprio conforto. Mais ou menos na mesma época, mulheres em todo o planeta começaram a contar sob a *hashtag* #MeToo as histórias das importunações e dos abusos sexuais que sofreram — histórias pessoais dolorosas que, embora não raro tenham sido recebidas com escárnio e ceticismo, provocaram abalos nas estruturas de gênero e de poder.

E nós, o que estamos colocando em jogo? Pedalar até um mercado mais distante porque a loja da esquina não vende todos os produtos veganos que você consome. Uma tentativa frustrada (ou três) de panqueca porque você ainda não encontrou a mistura perfeita de farinhas para substituir os ovos. Uma criança fazendo manha porque não pode mais comer determinada comida, ou um garçom fazendo careta porque você disse que não quer o especial do dia, mas sim uma versão vegana do prato. Essas situações são levemente incômodas, não mais do que isso.

E o mais importante: o incômodo é *passageiro*. Quanto mais pessoas optarem conscientemente por um futuro em detrimento de outro, mais cedo o futuro escolhido se concretizará. Não tem mágica, são apenas as forças do mercado agindo. Os supermercados abastecem suas prateleiras com os produtos que vendem mais; se os consumidores passarem a colocar no carrinho mais produtos veganos hoje, amanhã as lojas oferecerão esses produtos em maior quantidade e variedade. Os produtores de alimentos não vão querer reabastecer produtos que não têm demanda, pois seria perder dinheiro. Basta um esforço de poucos meses, e, antes do que você imagina, lojas e mercados vão estar cheios de produtos vindos do futuro que queremos. Nós vamos nos acostumar a novas receitas e pratos, e nossos companheiros e filhos também vão. Em breve — muito em breve —, chegará o dia em que diremos: houve um tempo em que comíamos animais.

O futuro começa agora

Mudança climática, extinção de espécies, poluição ambiental, sofrimento animal causado pela indústria da pecuária intensiva: são todos sinais de um abismo do qual nos aproximamos a passos largos. Sinais de que nosso modelo econômico e nossos hábitos alimentares se tornaram uma ameaça à nossa própria existência — e passou da hora de mudarmos nosso modo de viver e de pensar. São sinais de que as narrativas que contamos uns aos outros já não fazem sentido e que precisamos formular novas, mais condizentes com a situação presente.

No instante em que digito estas palavras — e em que você as lê, provavelmente —, encontramo-nos num vácuo entre duas narrativas. Sabemos como as coisas eram, porém ainda não somos capazes de visualizar com precisão como serão quando tudo mudar. Eu tentei esboçar neste livro a maior parte da nova narrativa; agora cabe a nós começar a vivê-la.

O futurologista Ian Pearson demonstrou que leva mais ou menos 30 anos para uma ideia inicialmente considerada "impossível" se transformar em realidade. Foi o tempo necessário para que as mudanças sociais mais abrangentes da história vencessem as resistências e fossem alcançadas e aceitas quase universalmente. Hoje, esse processo é muito mais rápido: graças às mídias sociais, novas tendências surgem diariamente, e seguir ou ir contra uma tendência é uma escolha que se faz num clique. Você pode fazer essa escolha agora mesmo. Eu poderia escrever muitos outros capítulos, poderia fazer, a mim e a outras pessoas, muitas perguntas mais e tentar respondê-las nestas páginas, mas ao fim e ao cabo há uma única pergunta que realmente importa — e com a qual você vai se defrontar, saída da boca de seus filhos, de seus sobrinhos ou de seus netos... Talvez você mesmo se faça essa pergunta.

Quando tomou conhecimento do momento histórico pelo qual passava o planeta, quando tomou conhecimento das consequências que se abateriam sobre o meio ambiente, os animais, os habitantes de regiões vulneráveis e sobre as futuras gerações, que lado você escolheu? Qualquer que seja a sua resposta, o meu desejo é que comece com a seguinte frase: "Era uma vez, não muito tempo atrás, uma sociedade que comia animais...".

É tempo de evoluir.

Agradecimentos

Sempre achei os agradecimentos em um livro um tanto desnecessários. Os autores sempre dizem que não teriam escrito se não fosse por Fulano ou Beltrano, mas isso é balela: eles são os autores, e um autor escreve com ou sem Fulano ou Beltrano ou quem quer que seja. (Foi mal, pessoas a quem agradeci nos livros anteriores; quis dizer que sou grata por vocês existirem e pelas ótimas distrações que me proporcionaram, mas não pela ajuda para escrever. Vocês não seguraram a caneta nem sequer chegaram perto do meu notebook, então essa honra não lhes pertence. E não se melindrem; o fato de alguém ficar feliz por vocês existirem já é um elogio e tanto.)

Bem, era assim que eu pensava. Só que eu estava errada.

Eu não teria mesmo escrito este livro se não fosse a ajuda de diversas pessoas. Poderia até ter feito menção de escrever, mas não teria me arriscado: estou longe de ser uma especialista nos vários temas de que ele trata, e no fundo não sabia se queria me tornar especialista em um assunto tão delicado.

No topo da lista de pessoas que me motivaram a estudar e escrever o livro está Lisette Kreischer. Ela revisou cada palavra, circulou erros imperdoáveis, me enviou materiais valiosos, me parabenizou quando contei que estava progredindo e me tranquilizou nos momentos em que desconfiei estar levemente obcecada, para não dizer completamente louca. Este livro não existiria se ela não tivesse me oferecido seu apoio, seu tempo, sua amizade e seu conhecimento.

Tobias Leenaert foi outro herói nesse processo. Ele me impediu de sucumbir à "vegalomania" e encontrou tempo em sua agitada agenda para ler a primeira versão. Seus comentários mantiveram o meu senso crítico aguçado. Não tenho palavras para agradecer. A nutricionista Saraï Pannenkoek leu o capítulo sobre saúde e garantiu que eu fosse detalhista nas partes em que isso fosse necessário, e completamente transparente sempre que possível. Peter Joosten, um colega futurólogo, me ajudou a delinear um futuro ficcional ainda mais claro nos interlúdios.

Também quero agradecer ao meu agente literário holandês, Myrthe van Pelt, por me representar em negociações confusas em que eu teria me embananado, por deixar a minha agenda livre e tranquila e por descobrir que champanhe vegano existe. Obrigada também à minha agente estadunidense, Bonnie Nadell, por acreditar no livro. Obrigada, Willemijn, Joost e a todo o pessoal maravilhoso da Uitgeverij Podium pela colaboração (e pelo bolo vegano), e à HarperCollins por levar este livro ao resto do mundo. Agradeço a meus companheiros da Freedom Writers Lou Niestadt e Roos Schlikker por compreenderem a... por compreenderem tudo, na verdade, e a Geertje Couwenbergh, que entendeu que esta era uma aventura na qual eu tinha de embarcar sozinha.

Para saber mais

Neste livro, tratei de muitos tópicos referentes a um estilo de vida vegano, porém não cheguei nem perto de esgotá-los. Se você quer se aprofundar no assunto, indico os materiais a seguir.

Leia

Jonathan Safran Foer, *Comer Animais* (Rocco, 2011). O mais belo e genuíno livro que já li sobre vegetarianismo e veganismo. Serviu de motivação para muitas pessoas optarem por uma vida plant-based e, para mim, foi uma enorme fonte de inspiração durante a escrita deste livro.

Jonathan Safran Foer, *Nós Somos o Clima* (Rocco, 2020). O livro seguinte de Foer é sobre a relação entre o que comemos e o clima. Em 2019, fiz uma entrevista com Jonathan sobre este livro para o meu podcast, *The Braveheart Club*; o episódio, de número 18, está disponível no Podbean e iTunes (os demais episódios estão em holandês, infelizmente).

Matthew Scully, *Domínio: o Poder do Ser Humano, o Sofrimento dos Animais e um Pedido de Misericórdia* (Civilização Brasileira, 2018). Outro livro com uma escrita fascinante e refinada. Scully se debruça não apenas sobre a pecuária intensiva, mas também sobre a caça comercial e outras atividades em que os animais são explorados e abusados. O mais interessante é que Scully não se encaixa no estereótipo esquerdista, questionador, antiautoritarista: ele é republicano, religioso e por muitos anos atuou como conselheiro de George W. Bush. É dessa perspectiva que ele analisa a maneira como tratamos os animais, e conclui que ela vai contra tudo o que é (moralmente) certo.

Tobias Leenaert, *How to Create a Vegan World: A Pragmatic Approach* (Lantern Books, 2017). O livro se volta para o movimento vegano e para ativistas pelos direitos animais. Que outras estratégias de ação e de comunicação esses ativistas podem desenvolver para atingir seus objetivos? Basta comer e utilizar menos os animais? A perspectiva pragmática de Leenaert e seu estilo pé no chão me serviram de inspiração em minha iniciação no veganismo. Sua visão é menos preto no branco do que a de boa parte dos ativistas, e ele é um pensador agudo que gosta de questionar as certezas.

Melanie Joy, *Por que Amamos Cachorros, Comemos Porcos e Vestimos Vacas* (Cultrix, 2014). Apresentei no livro o trabalho de Joy como psicóloga social e, se você ficou com vontade de conhecer melhor as visões dela sobre o carnismo, recomendo enormemente este livro. Seu segundo livro, *Beyond Beliefs* (Lantern Books, 2018), é muito interessante para casais de veganos/não veganos, pois contém diversas dicas e informações com vista a uma comunicação não violenta e a um convencimento efetivo. Joy também se apresentou no TEDx Talk ("Toward Rational, Authentic Food Choices"), e é possível encontrar a palestra no YouTube.

Peter Singer, *Libertação Animal* (WMF Martins Fontes, 2010). Uma obra paradigmática dentro do tema do veganismo. O filósofo Singer oferece uma explicação perfeitamente lógica sobre os fundamentos éticos que devem embasar a decisão de parar de consumir produtos de origem animal.

Se você deseja saber mais sobre veganismo negro, leia: Aph Ko e Syl Ko, *Aphro-ism: Essays on Pop Culture, Feminism, and Black Veganism from Two Sisters* (Lantern Books, 2017) e *Sistah Vegan: Black Female Vegans Speak on Food, Identity, Health and Society* (Breeze Harper; Lantern Books, 2010). Não deixe de conferir também uma lista de 100 dos maiores veganos negros em: www.strivingwithsystems.com/2015/06/11/blackvegansrock-100-black-vegans-to-check-out.

Assista

Me apresentei em dois TEDx Talks nos quais falei sobre o impacto da indústria de alimentos no bem-estar animal e no clima e dei dicas de ações possíveis. Você pode assisti-los em meu canal no YouTube (bit.ly/roanneyoutube).

Blackfish: Fúria Animal (2013). O documentário trata de orcas que vivem em cativeiro. As entrevistas com ex-treinadores do SeaWorld e especialistas em comportamento animal desfazem muitos dos mitos propagados pelos parques aquáticos, como o de que baleias-assassinas mantidas em cativeiro vivem tanto quanto as livres — as primeiras morrem muito mais cedo do que as que vivem na natureza. Outro mito que se mostra mentiroso é o de que as orcas "gostam" de aprender e fazer acrobacias e truques para o público; o documentário mostra uma série de incidentes (mortais) em que as baleias cativas atacaram os treinadores.

The End of the Line (2009). O documentário, que expõe os efeitos da pesca sobre o meio ambiente, os animais e as pessoas, é baseado em um livro do jornalista Charles Clover (que participa do filme) e foi premiado em diversos festivais.

Cowspiracy: o Segredo da Sustentabilidade (2014). O documentário é menos uma análise do sofrimento animal nas indústrias da carne e do leite, e mais uma investigação sobre o impacto da indústria da carne no clima e no meio ambiente. Entre os temas tratados, estão desperdício de água, emissão de CO_2 e poluição e acidificação do solo. O filme também examina a maneira como as organizações ambientais e a própria indústria pecuária manejam essas informações.

Terráqueos (2005) e *Dominion* (2018). Os dois documentários mostram o que é feito aos animais no sistema de produção pecuária. Ambos são úteis caso você queira saber o que se passa em fazendas de grande escala, mas vale o alerta: eles exibem cenas chocantes, muitas das quais filmadas por ativistas disfarçados em fazendas e abatedouros nos Estados Unidos e na Austrália. Uma falha dos filmes é que não deixam claro o que se trata de excesso e o que é acidente, o que me fez ficar com mais dúvidas do que respostas. Ainda que não ofereçam a "verdade" (já que nenhuma obra criativa o faz), permitem ver aspectos do sistema de produção alimentar que não são tão conhecidos. Assista, arrepie-se e tire suas próprias conclusões.

The Last Pig (2017) é um filme sobre um criador de porcos que se vê incapaz de continuar matando; e *73 Cows* (2018) é um documentário sobre Jay e Katja Wilde.

Cozinhe

Deliciously Ella. Minha primeira opção para receitas simples e saborosas, a maioria delas disponível no site www.deliciouslyella.com ou em seu aplicativo.

Man.Eat.Plant. Blogue de duas holandesas, Lisette Kreischer e Maartje Borst, em que elas ensinam receitas veganas nutritivas e fartas (www.maneatplant.com).

Os caras do *Wicked Healthy* ensinam receitas veganas mais "másculas" em seu livro e site (www.wickedhealthyfood.com); os "machões" veganos podem dar uma olhada também no Thug Kitchen (www.thugkitchen.com).

Vegan Challenge. Dicas práticas para aqueles que querem comer (mais) preparos veganos, porém ainda não sabem bem por onde começar (www.veganchallenge.nl).

Se você está grávida ou mora com a família e quer saber mais sobre veganismo, Dreena Burton traz ótimas dicas em seu site (www.dreenaburton.com) e também em seu livro *Vive le Vegan! Simple, Delectable Recipes for the Everyday Vegan Family.* Também recomendo que você dê uma olhada no *The Kind Life* (https://thekindlife.com/), blog de Alicia Silverstone, que escreveu um livro sobre ser mãe jovem, *The Kind Mama.*

Ouça

O jornalista Ezra Klein entrevistou Melanie Joy em seu podcast *The Ezra Klein Show*, numa das conversas mais transparentes (e com que mais me identifiquei) sobre veganismo que já ouvi até hoje. O episódio ("The Green Pill") está disponível em todas as plataformas.

O cientista Joseph Poore falou sobre a atual situação de uma alimentação vegana e do clima no podcast *Deliciously Ella*, no episódio "Veganism and Climate Change".

O filantropo e ex-vice-presidente do Citibank Philip Wollen fez um discurso sobre os direitos animais que você pode encontrar no YouTube sob o modesto (só que não) título "Philip Wollen — Most Inspiring Speech on Animal Rights!" [A mais inspiradora fala sobre os direitos animais que você já assistiu].

Siga

The Joyful Vegan. Uma ativista estadunidense que manda o papo reto em seu Instagram.

Earthling Ed. Um ativista com visões refinadas — um tipo sensato. Veja a fala dele para um auditório lotado de universitários: "You Will Never Look at Your Life in the Same Way Again".

Domz Thompson. A montanha de músculos que "come o mesmo que elefantes" nutre cérebros (e músculos) com seus *posts* nas redes sociais.

Moby. Você pode segui-lo no Instagram, onde posta mensagens de teor ativista, mas eu recomendo mesmo o TEDx Talk "Why I'm a Vegan", disponível no YouTube.

Faça

Participe do ProVeg Veggie Challenge, cujo desafio é comer por um mês de modo mais saudável, saboroso, nutritivo e sem crueldade. Se essa alimentação vai ser vegana, vegetariana ou apenas conter menos proteína animal do que o normal, só depende de você. Você tem à disposição um orientador, receitas e dicas práticas. Inscreva-se em www.proveg.com/veggie-challenge/.

Se quer saber mais sobre meus textos e minha pesquisa, acesse meu site www.roannevanvoorst.com, ou me adicione no meu perfil do Instagram, @roannevanvoorst), eu vou adorar!

Notas

Introdução: Inventando uma cor inédita

1. Veja MURRAY-RAGG, Nadia. Australia Is the 3rd Fastest Growing Vegan Market in the World. *Live Kindly*, 23 jan. 2018. Veja também: Vegan Trend Takes Hold in Australia. *SBS*, 1 abr. 2018. Veja também: WAN, Lester. Fact Not Fad: Why the Vegan Market Is Going from Strength-to-Strength in Australia. *Food Navigator Asia*, 25 abr. 2018. Veja também: Top Meat Consuming Countries in the World. *World Atlas*, 25 abr. 2017.

2. De acordo com pesquisa feita pela Nielsen para a Plant Based Foods Association (PBFA) e o Good Food Institute.

3. FOX, K. Here's Why You Should Turn Your Business Vegan in 2018. *Forbes*, 27 dez. 2017. Veja também: Packaged Facts.

4. Veja Dairy Farmers of American Reports 1 Billion in Losses in 2018. *The Bullvine*, 22 mar. 2019.

5. KIRKEY, Sharon. Got Milk? Not so Much. Health Canada's New Food Guide Drops "Milk and Alternatives" and Favours Plant-Based Protein. *Canada News Media*, 22 jan. 2018.

6. Com base em um relatório da empresa de pesquisa mercadológica Bharat Book.

7. EERENBEEMT, Marc van den. De opmars van de vleesvervangers zet door: Unilever koopt Vegetarische Slager. *De Volkskrant*, 19 dez. 2018.

8. Valores calculados pela Sociedade Vegana Britânica, a mais antiga associação vegana do mundo.

9. Veja HEDGES, Chris. What Every Person Should Know About War. *The New York Times*, 6 jul. 2003. Veja também: BARWICK, Emily Moran. How Many Animals Do We Kill Every Year? *Bite Size Vegan*, 27 maio 2015.

10. HARARI, Yuval Noah. *Sapiens: A Brief History of Humankind*. New York: HarperCollins, 2015.
11. Verrassing: in appelsap zit vaakvarkensvlees. *Joop*, 2 out. 2016.

2. Por que pessoas boas abraçam narrativas ruins

12. HUBLIN, Jean-Jacquesen *et al*. New Fossils from Jebel Irhoud, Morocco and the Pan-African Origin of *Homo Sapiens*. *Nature*, n. 546, p. 289-292, 2017.
13. REESE, Jacy. Survey of US Attitudes Towards Animal Farming and Animal-Free Food October 2017. *Sentiente Institute*, 20 nov. 2017.
14. Zuivelindustrie. *ABN AMRO Insights*, 13 abr. 2017.
15. Tijdbalk Vrouwenkiesrecht. *Vereniging voor Genderschiedenis*.

3. Da abstinência à tendência

16. WALTERS, Kerry S.; PORTMESS, Lisa (eds.). *Ethical Vegetarianism: From Pythagoras to Peter Singer*. Albany, NY: State New York University Press, 1999. p. 13-22.

4. Girafas para os ricos, legumes para os pobres, leite para todos

17. SCHOLIER, Peter. *Koock-boeck ofte familieren kevken-boeck*. [S. l.: s. n.], 1663.
18. Veja Zuivel Online.
19. Veja Zuivel Online.
20. MEIJER, Anke. De groteboerenkoolhype. *NRC Handelsblad*, 12 jul. 2014.
21. THOLE, Herwin. Superfoods zijn pure marketing, daar prikt de Keuringsdienst genadeloos doorheen. *Business Insider*, 30 abr. 2015.
22. BRODWIN, Erin. Silicon Valley's Favorite Veggie Burger Is About to Hit a Wave of Controversy – but Scientists Say It's Bogus. *Business Insider*, 20 abr. 2018. Veja também: HINCKS, Joseph. Meet the Founder of Impossible Foods, Whose Meat-Free Burgers Could Transform the Way We Eat. *Time*, 23 abr. 2018.
23. David Chang on Veganism and the Environment. *Big Think*, 23 abr. 2012.

5. Procura-se: homem, 20 a 40, estiloso, sexy, vegano

24. Hoeveel dieren zijn er in 2017 geslacht in Nederland?. *VATD Blog*, 26 jun. 2018.
25. VUGTS, Pascal. Waarom mannen barbecueën. *Hoe mannen denken*, 28 maio 2016.

6. Overdose vegana

26. Vandaag: protest tegen de dieetindustrie in Engeland. *Wondervol*, 16 jan. 2012

27. MARKEY, Charlotte. 5 Lies from the Diet Industry. *Psychology Today*, 21 jan. 2015.

28. JONKERS, Aliëtte. Hoe gezond zijn vleesvervangers? *De Volkskrant*, 18 dez. 2016.

29. LI, Fei *et al*. Red and Processed Meat Intake and Risk of Bladder Cancer: a Meta-Analysis. *International Journal of Clinical and Experimental Medicine*, v. 7, n. 8, p. 2.100-2.110, 2014. Veja também: STECK, Susan *et al*. Cooked Meat and Risk of Breast Cancer – Lifetime versus Recent Dietary Intake. *Epidemiology*, v. 18, n. 3, p. 373-382, 2007. Veja também: ROHRMANN, Sabine *et al*. Meat Consumption and Mortality – Results from the European Prospective Investigation into Cancer and Nutrition. *BMC Medicine*, v. 11, n. 63, 2013. Veja também: AUNE, Dagfinn *et al*. Red and Processed Meat Intake and Risk of Colorectal Adenomas: a Systematic Review and Meta-Analysis of Epidemiological Studies. *Cancer Causes & Control*, v. 24, n. 4, p. 611-627, 2013. Veja também: ZWAAN, Juglen. 6 wetenschappelijk onderbouwde voordelen van veganistisch eten. *A Healthy Life*, 9 fev. 2017.

30. OYEBODE, Oyinlola *et al*. Mindell. Fruit and Vegetable Consumption and All-Cause, Cancer and CVD Mortality: Analysis of Health Survey for England Data. *Journal of Epidemiology and Community Health*, v. 68, n. 9, p. 856-862, 2014. Veja também: HERR, I.; BÜCHLER, M. W. Dietary Constituents of Broccoli and Other Cruciferous Vegetables: Implications for Prevention and Therapy of Cancer. *Cancer Treatment Reviews*, v. 36, n. 5, p. 377-383, 2010. Veja também: ROYSTON, K. J.; TOLLEFSBOL, T. O. The Epigenetic Impact of Cruciferous Vegetables on Cancer Prevention. *Current Pharmacology Reports*, v. 1, n. 1, p. 46-51, 2014.

31. ZHANG, Caixia *et al*. Soy Product and Isoflavone Intake and Breast Cancer Risk Defined by Hormone Receptor Status. *Cancer Science*, v. 101, p. 501, 2001. Veja também: WU, Anna H. *et al*. Adolescent and Adult Soy Intake and Risk of Breast Cancer in Asian Americans. *Carcinogenesis*, v. 23, n. 9, p. 1.491-1.496, 2002. Veja também: Eten en kanker: de broodnodige nuance. *Gezondheidsnet*, 8 dez. 2016. Veja também: KATAN, Martijn B. *Voedingsmythes*: over valse hoop en nodelozevrees. Amsterdã: Prometheus; Bert Bakker, 2016.

32. *Soja en borstkanker: wat ishet verband?* Wereld Kanker Onderzoek Fonds.

33. LE, Lap Tai; SABATÉ, Joan. Beyond Meatless, the Health Effects of Vegan Diets: Findings from the Adventist Cohorts. *Nutrients*, v. 6, n. 6, p. 2.131-2.147, 2014. Veja também: OYEBODE, Oyinlola *et al*. Fruit and Vegetable Consumption and All-Cause, Cancer and CVD Mortality: Analysis of Health Survey for England Data. *Journal of Epidemiology and Community Health*, v. 68, n. 9, p. 856-862, 2014. Veja também: CASIGLIA, Edoardo *et al*. High Dietary Fiber Intake Prevents Stroke at a Population Level. *Clinical*, v. 2, n. 5, p. 811-818, 2013. Veja também: THREAPLETON, Diane E. *et al*. Dietary Fiber Intake and Risk of First Stroke – A Systematic Review and Meta-Analysis. *Stroke*, v. 44, n. 5, p. 1.360-1.368, 2013. Veja também: BAZZANO, Lydia *et al*. Legume Consumption and Risk of Coronary Heart Disease in US Men and Women: NHANES I Epidemiologic Follow-up Study. *Archives of Internal Medicine*, v. 161, n. 21, p. 2.573-2.578, 2001. Veja também: NAGURA, Junko *et al*. Fruit, Vegetable and Bean Intake and Mortality from Cardiovascular Disease among Japanese Men and Women: the JACC Study. *British Journal of Nutrition*, v. 102, n. 2, p. 285-92, 2009.

34. DINU, Monica *et al*. Vegetarian, Vegan Diets and Multiple Health Outcomes: A Systematic Review with Meta-Analysis of Observational Studies. *Critical Reviews in Food Science and Nutrition*, v. 57, n. 17, p. 3.640-3.649, 2017. Veja também: MISHRA, S. *et al*. A Multicenter Randomized Controlled Trialof a Plant-Based Nutrition Program to Reduce Body Weight and Cardiovascular Risk in the Corporate Setting: The GEICO Study. *European Journal of Clinical Nutrition*, v. 67, n. 7, p. 718-724, 2013. Veja também: MACKNIN, Michael *et al*. Plant-Based No Added Fat or American Heart Association Diets, Impact on Cardiovascular Risk in Obese Hypercholesterolemic Children and Their Parents. *Journal of Pediatrics*, v. 166, n. 4, p. 953-959, 2015. Veja também: WANG, Fenglei *et al*. Effects of Vegetarian Diets on Blood Lipids: A Systematic Review and Meta Analysis of Randomized Controlled Trials. *Journal of the American Heart Association*, v. 4, n. 10, 2015.

35. LU, Y. *et al*. Metabolic Mediators of the Effects of Body-Mass Index, Overweight, and Obesity on Coronary Heart Disease and Stroke: A Pooled Analysis of 97 Prospective Cohorts with 1.8 Million Participants. *Lancet*, v. 383, n. 9.921, p. 970-983, 2014. Veja também: TONSTAD, Serena *et al*. Type of Vegetarian Diet, Body Weight, and Prevalence of Type 2 Diabetes. *Diabetes Care*, v. 32, n. 5, p. 791-796, 2009. Veja também: GOJDA, J. *et al*. Higher Insulin Sensitivity in Vegans Is Not Associated with Higher Mitochondrial Density. *European Journal of Clinical*

Nutrition, v. 67, p. 1.310-1.315, 2013. Veja também: LE, Lap Tai; SABATÉ, Joan. Beyond Meatless, the Health Effects of Vegan Diets: Findings from the Adventist Cohorts. *Nutrients*, v. 6, n. 6, p. 2.131-2.147, 2014. Veja também: CRAIG, Winston J. Health Effects of Vegan Diets. *The American Journal of Clinical Nutrition*, v. 89, n. 5, p. 1627S-1633S, 2009. Veja também: BARNARD, Neal D. *et al.* A Low-Fat Vegan Diet Improves Glycemic Control and Cardiovascular Risk Factors in a Randomized Clinical Trial in Individuals with Type 2 Diabetes. *Diabetes Care*, v. 29, n. 8, p. 1.777-1.783, 2006. Veja também: MORITA, E. *et al.* Psychological Effects of Forest Environments on Healthy Adults: Shinrin-Yoku (Forest-Air Bathing, Walking) as a Possible Method of Stress Reduction. *Public Health*, v. 121, p. 54-63, 2007. Veja também: PEARSON, D. G.; CRAIG, T. The Great Outdoors? Exploring the Mental Health Benefits of Natural Environments. *Frontiers in Psychology*, v. 5, p. 1.178, 2014. Veja também: MACKAY, J.; JAMES, G. N. The Effect of "Green Exercise" on State Anxiety and the Role of Exercise Duration, Intensity; Greenness: A Quasi-Experimental Study. *Psychology of Sport and Exercise*, v. 11, p. 238-245, 2010. Veja também: COON, J. Thompson *et al.* Does Participating in Physical Activity in Outdoor Natural Environments Have a Greater Effect on Physical and Mental Wellbeing than Physical Activity Indoors? A Systematic Review. *Environmental Science & Technology*, v. 45, n. 5, p. 1.761-1.772, 2011.

36. Meer vitamine B12 in lupine tempé door in-situ verrijking. *Wageningen University and Research*, 1 jan. 2016-31 dez. 2018.

37. ZWAAN, Juglen. 8 signalen en symptomen van een eiwittekort. *A Healthy Life*, 14 jun. 2018. Veja também: HAMILTON, Lee. Welke eiwitten zijn het best voor spieropbouw – dierlijke of plantaardige? *EOS Wetenschap*, 5 abr. 2017.

38. MANGANO, Kelsey M. *et al.* Dietary Protein Is Associated with Musculoskeletal Health Independently of Dietary Pattern: The Framingham Third Generation Study. *The American Journal of Clinical Nutrition*, v. 105, n. 3, p. 714-722, 2017.

39. MELAMED, Yoelen *et al.* The Plant Component of an Acheulian diet at Gesher Benot Ya"aqov, Israel. *PNAS*, v. 113, n. 51, P. 14.674-14.679, 2016.

40. BERKEL, Rob van. Is melk een probleem door lactoseintolerantie? *Over voeding en gezondheid*, 19 nov. 2014.

41. FINCH, C. E.; STANFORD, C. B. Meat-Adaptive Genes and the Evolution of Slower Aging in Humans. *Quarterly Review of Biology*, v. 79, n. 1, p. 3-50, 2004.

Interlúdio: Uma excursão escolar ao matadouro

42. Slachtdoordacht-optimaal slachtgewicht. *Varkensloket.*
43. Misstand #74: Afbranden/knippen van biggenstaartjes. *Varkens in Nood.*
44. Boeren omzeilen verbod op afbranden varkens staartjes. *Metro*, 1 nov. 2016.
45. Veelgestelde Vragen. *Hobbyvarkenvereniging*, 2019.
46. HECK, Wilmer. Nederland hakt of vergast 30 miljoen jonge haantjes per jaar. *NRC*, 7 maio 2012.
47. Zo doden Nederlandse slachters jaarlijks miljoenen varkens. *NOS*, 28 mar. 2017.
48. Meer varkens en 1,5kilo zwaarder geslacht in 2017. *Varkens.nl*, 4 jan. 2018.
49. KEUKEN, Teun Van De. Het grote "verwarringsgevaar": Sojamelk mag geen soja melk meer heten. *De Volkskrant*, 3 jul. 2017.
50. DINERSTEIN, Chuck. Is a McCricket the Breakfast of Our Future? *American Council on Science and Health*, 13 ago. 2018. Veja também: McDonald's komt met McVegan: "Over 15 jaar zijn alle snacks vega". *NOS*, 19 dez. 2017.

7. É a lei, idiota!

51. CARRINGTON, Damian. Humans Just 0.01% of All Life but Have Destroyed 83% of Wild Mammals – Study. *The Guardian*, 21 maio 2018.
52. BREGMAN, Rutger. Hoe de mens de baas op aarde werd. *De Correspondent*, 4 ago. 2018.
53. Veja o site da Fur Europe.
54. UDELL, Monique A. R. When Dogs Look Back: Inhibition of Independent Problem Solving Behaviour in Domestic Dogs (*Canis lupus familiaris*) Compared with Wolves (*Canis lupus*). *Biology Letters*, v. 11, 2015.
55. GRAAFF, R. L. de. Dieren zijn geenzaken. *Ars Aequi*, set. 2017.
56. USDA Publishes 2016 Animal Research Statistics. *Speaking of Research*, 19 jun. 2017.
57. USDA Publishes 2016 Animal Research Statistics – 7% Rise in Animal Use. *Speaking of Research*, 19 jun. 2017.
58. Vleesproductie; aantal slachtingen en geslacht gewicht per diersoort. *CBS*, 31 jan. 2019.
59. Veja SCULLY, Matthew. *Dominion*, p. 236. Veja também o site da VHL Genetics.
60. Brief van Robert Hooke aan Robert Boyle (November 10, 1664). *In*:

HUNTER, M.; CLERICUZIO, A.; PRINCIPE, L. M. (eds.). *The Correspondence of Robert Boyle*. [S. l.: s. n.], 2001. v. 2. p. 399.

61. De Peiling: Honderdduizenden proefdieren sterven nutteloos. *NH Nieuws*, 5 jul. 2018.

62. SAFI, Michael. Ganges and Yamuna Rivers Granted Same Legal Rights as Human Beings. *The Guardian*, 21 mar. 2017.

63. SCHWEIG, Sarah V. Smart Zoo Gives Perfect Explanation for Why It No Longer Has Elephants. *The Dodo*, 6 abr. 2016.

64. Order against Caging of Birds Upsets Poultry Farmers in India. *The Poultry Site*, 31 out. 2018. Veja também: SAHA, Purbita. Do Birds Have an Inherent Right to Fly? *Audubon*, abr. 2016. Veja também: MATHUR, Aneesha; JHA, Satish. Do Birds Have a "Fundamental Right to Fly"? *The Indian Express*, 15 dez. 2015.

65. MOUNTAIN, Michael. Sea Life Trust Is Building the World's First Beluga Sanctuary. *The Whale Sanctuary Project*, 30 ago. 2018.

66. KHAN, Shehab. Pet Translator Devices Could Let Us Talk to Dogs within 10 Years, Amazon-Backed Report Says. *Independent*, 22 jul. 2017.

8. Gelo derretido, barragem destruída

67. ANSEN, James. Disastrous Sea Level Rise Is an Issue for Today's Public – Not Next Millennium's. *Huffington Post*, 6 dez. 2017.

68. SPEKSNIJDER, Cor. Onderzoekers: plasticsoep in Stille Oceaan komt vooral van visserij en scheepvaart. *De Volkskrant*, 22 mar. 2018.

69. Deliciously Ella: The Podcast. *PodBean*. Veja também: Why a Vegan Diet Is the Single Biggest Positive Change You Can Make for the Planet, with Joseph Poore at Oxford University. *Deliciously Ella: The Podcast*, 9 out. 2018.

70. KILVERT, Nick. Would you go vegan to save the planet? Researchers say it might be our best option. *ABC News*, 31 maio 2018.

71. SPRINGMANN, M. *et al.* Options for Keeping the Food System within Environmental Limits. *Nature*, out. 2018.

72. Schwarzenegger moet zorgen dat Chinezen minder vlees eten. *NOS*, 25 jul. 2016.

Epílogo: O início do fim

73. JOOSTEN, Peter. Sterrenkunde, Supernova's & Ruimtevaart. Met Ans Hekkenberg. *Biohacking Impact*.

74. KOOPS, Enne. Bijzondere vrouwen in de Eerste Wereldoorlog. *Historiek*, 21 maio 2015.

Referências bibliográficas

A seguir, há uma lista, organizada por capítulo, dos livros, entrevistas e outras referências que usei como fonte. Para economizar papel, disponibilizei uma lista com notas adicionais que só pode ser acessada em www.roannevanvoorst.com/onceweateanimals; ela contém informações extras e comentários que considerei pertinentes ou úteis. O site também tem uma lista de perguntas frequentes, complicadas e relevantes sobre o tema do livro.

Introdução: Inventando uma cor inédita
ADAMS, Carol J. *The Sexual Politics of Meat*: A Feminist-Vegetarian Critical Theory. Nova York: Continuum, 1990.

FOER, Jonathan Safran. *Dieren Eten*. Amsterdã: Ambo|Anthos, 2009.

KLEIN, Naomi. *This Changes Everything*: Capitalism vs. the Climate. Nova York: Simon & Schuster, 2014.

MONBIOT, George. *Feral*: Rewilding the Land, Sea and Human Life. Londres: Penguin Books, 2013.

ORRELL, David. *The Future of Everything*: The Science of Prediction. Nova York: Perseus Books Group, 2007.

PATTERSON, Charles. *Eternal Treblinka*: Our Treatment of Animals and the Holocaust. Nova York: Lantern Books, 2004.

SINGER, Peter. *Animal Liberation*: A Personal View. Writings on an Ethical Life. Londres: Fourth Estate, 2001.

SINGER, Peter. *Animal Rights and Human Obligations*. Londres: Pearson Education, 1976.

WAAL, Frans de. *Are We Smart Enough to Know How Smart Animals Are?* Nova York: W. W. Norton, 2016.

1. Como os agricultores podem mudar o mundo

A entrevista com Gustaf foi feita em 30 de maio de 2018 e a com Jay e Katja, em 14 de junho de 2018; as informações e entrevistas concernentes aos outros criadores foram retiradas da internet (os links estão disponíveis em www. roannevanvoorst.com/onceweateanimals). Igualmente inspiradora e reveladora foi a visita que fiz ao queijeiro e criador de gado Jan Dirk Remeker, em 10 de julho de 2018, assim como a entrevista com a vegana Marloes Boere, filha de criadores, em 24 de agosto de 2018.

ARENDT, Hannah. *De banaliteit van het kwaad*. Een reportage. Amsterdã: Moussault, 1969.

COHEN, J. A.; MANNARINO, A. P.; DEBLINGER, E. *Behandeling van Trauma bij Kinderen en Adolescenten met de Methode*: Traumagerichte Cognitieve Gedragstherapie. Houten: Bohn Stafleuvan Loghum, 2008.

COLES, Robert; ERIKSON, Erik H. *The Growth of His Work*. Boston: Little Brown, 1970.

ERIKSON, Erik H. *Childhood and Society*. Nova York: Norton, 1950.

ERIKSON, Erik H. *Dialogue with Erik Erikson*. Lanham, MD: Jason Aronson, 1995.

ERIKSON, Erik H. *Identity*: Youth and Crisis. Nova York: Norton, 1968.

ERIKSON, Erik H. *Life History and the Historical Moment*. Nova York: Norton, 1975.

FRIEDMAN, Lawrence J. *Identity's Architect*: A Biography of Erik H. Erikson. Nova York: Scribner Book Co., 1999.

2. Por que pessoas boas abraçam narrativas ruins

Para este capítulo, entrevistei a psicóloga Melanie Joy, em 12 de junho de 2018; o escritor Tobias Leenaert (ex-presidente da Ethical Vegetarian Alternative, uma organização sem fins lucrativos belga que promove e difunde o vegetarianismo), em 5 de junho de 2018; e a jornalista Marta Zaraska, em 14 de junho de 2018.

ADAMS, Carol J. *The Sexual Politics of Meat*: A Feminist Vegetarian Critical Theory. Nova York: Continuum, 1990.

BAKKER, Tom; BALTUSSEN, Willy; DOORNEWEERT, Bart. "Concurrentiemonitor blank kalfsvlees." *LEI-rapport 2012–025*, jan. 2012.

BECKOFF, Marc; PIERCE, Jessica. *Animals' Agenda*: Freedom, Compassion, and Coexistence in the Human Age. Boston: Beacon Press, 2017.

BOOMKENS, René. *Erfenissen van de Verlichting*: Basisboek Cultuurfilosofie. Amsterdã: Boom Uitgevers, 2011.

BOON, Floor. "Vlees zonder bloedvergieten". *Folia*, 12 nov. 2010.

BRADSHAW, Peter. "The End of Line". *The Guardian*, 12 jun. 2009.

"BY-CATCH." *Radar*, 8 mar. 2010.

"DE VERSCHILLEN tussen kooi, bio, scharrel en vrije uitloopkip." *Trouw*, 27 fev. 2013. Veja também: "PLOFKIP, gewone kip, biologische kip, scharrelkip". *Meer weten over eten*, 2016.

DELAHOYDE, Michael; DESPENICH, Susan C. "Creating Meat Eaters: The Child as Advertising Target." *The Journal of Popular Culture*, 1994.

ERCINA, A. Ertug; ALDAYA, Maite M.; HOEKSTRA, Arjen Y. "The Water Footprint of Soy Milk and Soy Burger and Equivalent Animal Products". *Ecological Indicators*, v. 18, p. 392-402, 2011.

"GEZONDHEID van Runderen". *Levende Have*, 2017.

"GLOBAL Meat Production Since 1990". *Rapport Statistica*, 22 nov. 2018.

GOMBRICH, E. H. *A Little History of the World*. New Haven: Yale Univ. Press, 2005.

HARARI, Yuval Noah. *Sapiens*: A Brief History of Humankind. Nova York: HarperCollins, 2015.

HAZARD, Paul. *The Crisis of the European Mind*: 1680-1715. Nova York: New York Review Books, 1935.

ISRAEL, Jonathan. *Democratic Enlightenment*: Philosophy, Revolution, and Human Rights, 1750-1790. Oxford: Oxford Univ. Press, 2011.

KEULEMANS, Maarten. "Geheimzinnig aapachtig oerwezen waggelde tussen onze voorouders." *De Volkskrant*, 9 maio 2017.

"KLEIN BREIN, maar wel slim." *Trouw*, 15 maio 2018.

KLINCKHAMERS, Pavel. "Industriële visserij bedreigt onze Noordzee." *De Volkskrant*, 5 jul. 2015.

"LIVESTOCKS' Long Shadow: Environmental Issues and Options." *FOA*, 2006.

"MEAT and Animal Feed." *Global Agriculture*, 2018.

SIMON, David Robinson. *Meatonomics*: How the Rigged Economics of Meat and Dairy Make You Consume Too Much – and How to Eat Better, Live Longer, and Spend Smarter. Newburyport, MA: Conari Press, 2013.

THIEME, Marianne *et al.* "Dierenactivist is democraat en geen terrorist." *NRC Handelsblad*, 23 abr. 2008.

VIALLES, Noilie. *Animal to Edible*. Cambridge: Cambridge Univ. Press, 1994.

"WILDERS wil aparte wet tegen 'dierenterroristen'." *Trouw*, 21 ago. 2017.

WINDERS, Bill; NIBERT, David. "Consuming the Surplus: Expanding 'Meat' Consumption and Animal Oppression." *International Journal of Sociology and Social Policy*, v. 24, n. 9, p. 76-96, 2004.

"WORLD Meat Production 1960-Present." *Beef 2live Report*, 18 nov. 2018.

Interlúdio: Nós não sabíamos

Para este capítulo, entrevistei o historiador e palestrante Willem van Schendel, em 4 de setembro de 2018; e Max Elder, futurólogo no Institute for the Future e diretor de pesquisa no Food Futures Lab, em 5 de julho de 2018.

HARARI, Yuval Noah. *Homo Deus*: Een kleine geschiedenis van de toekomst. Amsterdã: Thomas Rap, 2017.

JOOSTEN, Peter. *Biohacking, de toekomst van de maakbare mens.* [S. l.: s. n.], 2018.

NOWAK, Peter. *Humans 3.0*. The Upgrading of the Species. Londres: Penguin Ltd., 2015.

PEARSON, Ian. *You Tomorrow*: The Future of Humanity, Gender, Everyday Life, Careers, Belongings, and Surroundings. Scotts Valley: Createspace Independent Publishing Platform, 2013.

"#WERELDZONDERWERK: dit zijn de banen van de toekomst." *NOS*, 18 mar. 2017.

3. Da abstinência à tendência

Para este capítulo, entrevistei Derek Sarno, chef e cofundador da Wicked Healthy, em 25 de junho de 2018; e "Fat Gay Vegan", em 24 e 25 de setembro de 2018.

"ABOUT US." *Vegan Society*, 2006.

ANDREWS, Travis M. "Woman Trying to Prove 'Vegans Can Do Anything' Among Four Dead on Mount Everest." *The Washington Post*, 23 maio 2016.

BARENDREGT, Bart; JAFFE, Rivke (eds.). *Green Consumption*: The Global Rise of EcoChic. Londres: Bloomsbury, 2014.

BIRCHALL, Guy. "Vegan Mountain Climber Dies on Mount Everest During Mission to Prove Vegans Are Capable of Extreme Physical Challenges." *The Sun*, 23 maio 2016.

BREWER, Marilynn; GARDNER, Wendi. "Who Is This 'We'? Levels of Collective Identity and Self Representations." *Journal of Personality and Social Psychology*, v. 71, n. 1, p. 83-93, 1996.

CHERRY, Elizabeth. "Veganism as a Cultural Movement: A Relational Approach." *Social Movement Studies*, v. 5, n. 2, p. 155-170, 2006.

DELL'AMORE, Christine. "Species Extinction Happening 1,000 Times Faster Because of Humans?" *National Geographic*, 30 maio 2014.

EGGERAAT, Amarens. "Waarom haten we veganisten zo?" *Vrij Nederland*, 28 maio 2016.

GRAHAM, Sylvester. *A Lecture on Epidemic Diseases Generally: and Particularly the Spasmodic Cholera: Delivered in the City of New York, March 1832, and Repeated June, 1832 [sic] and in Albany, 4 jul. 1832, and in New York, June 1833: with an Appendix Containing Several Testimonials, Rules of the Graham Boarding House.* Nova York: Mahlon Day, 1833.

HAEGENS, Koen. "Het Paradijs was Fruitarisch." *De Groene Amsterdammer*, 2007.

HAMAD, Ruby. "Why Hitler Wasn't a Vegetarian and the Aryan Vegan Diet Isn't What It Seems." *SBS*, 14 dez. 2017.

JASPER, J. *The Art of Moral Protest*: Culture, Biography, and Creativity in Social Movements. Chicago: Univ. of Chicago Press, 1997.

JONES, Josh. "How Leo Tolstoy Became a Vegetarian and Jumpstarted the Vegetarian & Humanitarian Movements in the 19th Century." *Open Culture*, 26 dez. 2016.

LOWBRIDGE, Caroline. "Veganism: How a Maligned Movement Went Mainstream." *BBC News*, 30 dez. 2017.

MACIAS, Elena; HOLODNY, Amanda. "The Eccentric Eating Habits of 9 Ruthless Dictators." *Independent*, 16 nov. 2016.

MELUCCI, Alberto. "An End to Social Movements? Introductory Paper to the Sessions on New Movements and Change in Organizational Forms." *Social Science Information*, v. 23, n. 4/5, p. 819-35, 1984.

MELUCCI, Alberto. "The Process of Collective Identity." In: JOHNSON, H.; KLANDERMANS, B. (eds.). *Social Movements and Culture*. Minneapolis: Univ. of Minnesota Press, 1995. p. 41-63.

"MILEY CYRUS Gets a Tattoo to Show She Is a Vegan for Life." *Live Kindly*, 10 jul. 2017.

PETTER, Olivia. "The Surprising Reason Why Veganism Is Now Mainstream." *Independent*, 10 abr. 2018.

POPPY, Carrie. "Myth Check: Was Hitler a Vegetarian?" *Skeptical Inquirer*, 2 nov. 2016.

"STEEDS MEER mensen gaan voor veganistisch." *Kassa*, 1 dez. 2014.

VIEGAS, Jen. "Humans Caused 322 Animal Extinctions in Past 500 Years." *Seeker*, 24 abr. 2014.

4. Girafas para os ricos, legumes para os pobres, leite para todos

Para este capítulo, entrevistei o historiador Manon Henzen, do site www. eetverleden.nl, em 23 de julho de 2018. E aprendi muito.

ALBLAS, Jasper. "Is melk gezond? De feiten en fabels over melk." *Dokter-dokter*, 16 dez. 2016.

BOMKAMP, Samantha. "Why Kale Is Everywhere: How Food Trends Are Born." *Chicago Tribune*, 20 set. 2017.

FRIEDRICH, Bruce. "Market Forces and Food Technology Will Save the World." TEDx, 30 jan. 2018.

"GROTERE melkveebedrijven en meer melk." *CBS*, 2 maio 2017.

HEIJMERIKX, Anton G. M. "Eten en drinken in de Middeleeuwen." *Heijmerikx*, 2 jul. 2009.

"HOLSTEINKOE rendabeler dan Jersey." *Groen Kennisnet*, 10 abr. 2017.

"KAN JERSEY zich meten met Holstein?" *Boerenbond*, 13 jan. 2017.

LOUWERENS, Tessa. "Ontmoet de oud-Hollandse koeien." *Resource*, 20 abr. 2017.

"MEER MELK met minder koeien." *The Daily Milk*, 5 maio 2017.

"MELKPRODUCTIE Nederland naar recordniveau." *Nieuwe Oogst*, 2 maio 2017.

"OLYMPISCHE Spelen in de Oudheid." *IsGeschiedenis*.

REIJNDERS, Lucas; BEUKEMA, Anne; SIJMONS, Rob. *Voedsel in Nederland*: gezondheid, bedrog en vergif. Amsterdã: Van Gennep, 1975.

SCHEPENS, Juul. "Becel speelt in op de veganistische trend met plantaardige melk." *Adformatie*, 10 ago. 2018.

TETRICK, Josh. "The Future of Food." TEDx, 22 jun. 2013.

5. Procura-se: homem, 20 a 40, estiloso, sexy, vegano

Para este capítulo, entrevistei a socióloga e professora acadêmica Anne De-Lessio-Parson, em 17 de setembro de 2018; e Sean O'Callaghan, mais conhecido como @fatgayvegan, em 26 de setembro de 2018.

ADAMS, Carol. *Burger. Object Lessons Series*. Nova York: Bloomsbury Academic, 2016.

AIRAKSINEN, Toni. "Eating Meat Perpetuates 'Hegemonic Masculinity,' Prof Says." *Campus Reform*, 4 dez. 2017.

BRIGHTEN, Karine. "5 Dating Tips from a Vegan Dating Expert." *VegNews*, 2 fev. 2017.

BRUBACH, Holly. "Real Men Eat Meat." *New York Times*, 9 mar. 2008.

"DIT IS waarom mannen van vlees houden." *nu.nl*, 20 nov. 2016.

FOX, Maggie. "Why Real Men Eat Meat: It Makes Them Feel Manly." *NBC News*, 21 nov. 2012.

GANDER, Kashmira. "Vegan Dating: The Struggle to Find Love When You've Ditched Steak and Cheese." *Independent*, 22 fev. 2017.

KUCAN, Daniel. "You Eat Like a Girl: Why the Masculine Dilemma Towards Veganism Is No Dilemma at All." *Huffington Post*, 19 ago. 2013.

LEEUWEN, Louise van. "Over Hoe de Veganist en de Niet-Veganist nog Lang en Gelukkig Leefden." *Eigenwijs Blij*, 7 set. 2016.

DR. LOCKWOOD, Alex. "Why Aren't More Men Vegan? It's a Simple Question – with a Complicated Answer." *Plant Based News*, 21 fev. 2018.

"LOOKING for Love? Here's the Official Top 4 Vegan Dating Websites." *The Plantway*. Disponível em: https://www.theplantway.com/best-vegan-dating-websites/.

MAY, Zoe. "What Happened When I Tried to Meet Guys Using Vegan Dating Apps." *Metro*, 9 maio 2018.

MYCEK, Mari Kate. "Meatless Meals and Masculinity: How Veg* Men Explain Their Plant-Based Diets." *Food and Foodways*, v. 26, n. 3, p. 223-245, 2018.

ROZIN, Paul *et al.* "Is Meat Male? A Quantitative Multimethod Framework to Establish Metaphoric Relationships." *Journal of Consumer Research*, 2003.

STAROSTINESKAYA, Anna. "Veg Speed Dating Debuts in 20 Cities in February." *VegNews*, 11 jan. 2017.

STIBBE, Arran. "Health and the Social Construction of Masculinity in Men's Health Magazine." *Man and Masculinities*, 1 jul. 2004.

VADAS, Skye. "Inside the World of 'Vegansexualism' – the Vegans Who Only Date Other Vegans." *Vice*, 10 out. 2016.

"VEGANSEXUALITY Explained." *Happy Cow*.

WALKER, Jennyfer J. "I Tried to Find Love on Vegan Dating Apps." *Vice*, 25 jan. 2018.

WINSOR, Ben. "'Vegansexual' Is a Thing and There's More Than One Reason Why." *SBS*, 17 jun. 2016.

6. Overdose vegana

Neste capítulo, me consultei com a nutricionista Saraï Pannenkoek. O professor de Neurobiologia Caleb Finch, da Universidade da Carolina do Sul, também me forneceu observações muito valiosas.

ATCHLEY, R. A.; STRAYER, D. L.; ATCHLEY, P. "Creativity in the Wild: Improving Creative Reasoning Through Immersion in Natural Settings." *De Fockert* v. 7, n. 12, 2012. Veja também: BAKKER, Shannon. "NUcheckt: Vitamine B12-tekort komt waarschijnlijk minder voor dan beweerd." *NU.NL*, 18 set. 2018. Veja também: BLUEJAY, Michael. "Humans Are Naturally Plant-Eaters According to the Best Evidence: Our Bodies." *Michael Bluejay*, jun. 2002, atualizado em dez. 2015.

BRATMAN, G. N. *et al.* "Nature Experience Reduces Rumination and Subgenual Prefrontal Cortex activation." *Proceedings of the National Academy of Sciences of the United States of America*, v. 112, n. 28, p. 8.567-8.572, 2015.

"DUITS onderzoek: veganistische producten vaak vet en ongezond." *Trouw*, 4 abr. 2014.

KATAN, Martijn. *Wat is nu Gezond*. Amsterdã: Bert Bakker, 2017.

SCHÜPBACH, R. *et al.* "Micronutrient Status and Intake in Omnivores, Vegetarians and Vegans in Switzerland." *European Journal of Nutrition*, v. 56, n. 1, p. 283-293, 2017.

Interlúdio: Uma excursão escolar ao matadouro

GRUNBERG, Arnon. "We slachten hier 650 varkens per uur." *NRC Handelsblad*, 23 ago. 2016.

7. É a lei, idiota!

Para este capítulo, entrevistei Edwin van Wolferen, consultor de comunicação na Rijksdienst voor Ondernemend Nederland e ligado a órgãos do governo holandês que fiscalizam o uso de animais com propósitos científicos, em 25 de outubro de 2018. Também entrevistei Lauren Choplin, do Nonhuman Rights Project, em 16 de agosto de 2018, e Steven M. Wise, da mesma organização, em 11 de setembro de 2018. Em 15 de janeiro de 2019, entrevistei Carol Saxon, do Whale Sanctuary. Também recebi ótimos comentários críticos de Noor Evertsen, consultor e pesquisador na Dier & Recht.

BEKOFF, Marc. *The Emotional Lives of Animals*: A Leading Scientist Explores Animal Joy, Sorrow, and Empathy and Why They Matter. Novato, CA: New World Library, 2007.

BERNS, Gregory. "Dogs Are People, Too." *New York Times*, 5 out. 2013.

BERNS, Gregory. *What Is It Like to Be a Dog*. Nova York: Basic Books, 2017.

"DOLFINARIUM." *RAMBAM*, 2 mar. 2016. Veja também: RIEPEMA, Sanne. "'Circus' Dolfinarium onder vuur na uitzending Rambam." *AD*, 9 maio 2016.

Veja também: GOLD, Michael. "Is Happy the Elephant Lonely? Free Her, the Bronx Zoo Is Urged." *New York Times*, 3 out. 2018.

"HUMAN Persons." *Small Change*, 3 ago. 2017.

JANSSEN, C. "Leve het Dier." *De Volkskrant*, 3 out. 2015.

"LIVING Planet Report." *WWF Global*, 2014.

MEIJER, Eva. *Dierentalen*. Amsterdã: Coetzee, 2016.

PASHA-ROBINSON, Lucy. "Hundreds of Animal Species 'Being Consumed to Extinction'." *Independent*, 19 out. 2016.

PLOTNIK, Joshua M., WAAL, Frans B. M. de; REISS, Diana. "Self-Recognition in na Asian Elephant." *PNAS*, v. 103, n. 45, 2006.

8. Gelo derretido, barragem destruída

Para este capítulo, entrevistei Henk Westhoek, diretor do programa de alimentação e agricultura da PBL (Netherlands Environmental Assessment Agency), em 22 de agosto de 2018; e George Monbiot, jornalista e escritor, em 15 de novembro de 2018.

BOER, Imke de. "Mansholt Lecture: Circular Agriculture, a Good Idea?" *WURtalk 30*, 1 nov. 2018.

"DE VLOEK van het Vlees: slecht voor klimaat, milieu, en mensheid." *NRC Handelsblad*, 21 dez. 2018.

KAMSMA, M. "Wat als we stoppen met vlees eten?" *NRC Handelsblad*, 25 out. 2018.

POORE, J.; NEMECEK, T. "Reducing Food's Environmental Impacts Through Producers and Consumers." *Science*, v. 360, n. 6.392, p. 987-992, 2018.

POORE, J. "Back to the Wild: How Nature Is Reclaiming Farmland." *New Scientist*, v. 235, n. 3.138, p. 26-29, 2017.

SPRINGMANN, Marco *et al.* "Analysis and Valuation of the Health and Climate Change Cobenefits of Dietary Change." *PNAS*, 2016.

STEHFEST, Elke *et al.* "Climate Benefits of Changing Diet." *Climatic Change*, v. 95, n. 1-2, p. 83-102, 2009.

WESTHOEK, Henk *et al.* "Nitrogen on the Table: The Influence of Food Choices on Nitrogen Emissions and the European Environment." European Nitrogen Assessment Special Report on Nitrogen and Food. Edinburgh: Centre for Ecology & Hydrology, 2015.

WESTHOEK, Henk *et al.* "Food Choices, Health and Environment: Effects of Cutting Europe's Meat and Dairy Intake." *Global Environmental Change*, v. 26, p. 196-205, 2014.

WESTHOEK, Henk *et al.* "The Protein Puzzle." *PBL*, 2011.

ZANTEN, Hannah van *et al.* "Defining a Land Boundary for Sustainable Livestock Consumption." RESEARCH REVIEW. *Global Change Biology*, v. 24, p. 4.185-94, 2018.

Epílogo: O início do fim

Para este capítulo, entrevistei Lauren Ornelas, fundadora e presidente do Food Empowerment Project, em 25 de setembro de 2018; e o "comissário da proteína verde" e consultor político Jeroen Willemsen, em 10 de agosto de 2018.

MONBIOT, George. *How Did We Get into This Mess?* Politics, Equality, Nature. Londres: Verso, 2016.

WEISMAN, Alan. *De wereld zonder ons*. Amsterdã: Atlas, 2007.

Este livro foi publicado em setembro de 2022 pela Editora Nacional.
Impressão e acabamento pela Gráfica Exklusiva.